JN116464

経営戦略の理論と実践 [改訂版]

高垣行男 [編著]　大城朝子・百武仁志 [著]

創 成 社

まえがき

　本書は，経営戦略における「理論」と「実践」の双方を相互に関連付けることを意図している。読者の対象として，大学において経営学を専門的に学ぶ学生諸君はもちろんのこと，企業において経営戦略の実務に携わる人々を対象としている。

　経営戦略の「理論」を解説した学術書や経営書はすでに多く出版されており，また，他方で，経営戦略の「実践」における手法やノウハウを解説した実用書も多く出版されている。企業における実際の経営戦略の成功例についてもビジネス書に紹介記事が掲載され，経営者自身が自社の成功事例を語る自叙伝も出版され，さらに深い研究書も出版されている。しかしながら，経営理論や手法・ノウハウ，そして事例をいかにして，具体的な企業において適用が可能であるのかという視点が十分であるとは言い難いところがある。

　本書は，大学で経営学を学ぶ若い学生諸君が実務上の経験がない時点で企業の経営戦略を知識として学ぶについて陥ってしまう誤解，すなわち経営戦略を特別な企業における成功物語であるとか，また，理論面だけで実用性に欠ける学習であるといった誤解を最小にすることを目的としている。また，企業において経営戦略の実務に携わる担当者は，業務のスペシャリストではあるが必ずしも経営学を体系的に学んだ者であるとは限らないことから，実務上の担当者に理論と戦略立案の手順についての基礎知識を付けていただくという目的にもかなうようなものを目指している。

　このような目的から，本書の構成は，経営戦略の理論と実践面での解説を最初の第1章から第3章で述べ，第4章から第10章に具体的な戦略立案の手順を解説している。各章の限られた紙数のなかで最近の経営課題や企業における事例を若干ながら織り込んでいる。

　こういった構成を採用した理由は，著者自身が企業に勤務していたときに，

iv……◎

技術系社員であるにもかかわらず新規事業の企画・開発や立案の一端を担当することになったこと，そしてそれが経営学を始める契機になったことに起因している。企業においては経営学とくに経営戦略を学生時代に学んだことのない者が実務上の経験を深めるなかで経営戦略の一端を担っていることの方が多いというのが実際の企業の現状である。最近，経営大学院が多く新設され経営実務の担当者が強い関心を寄せるのもこのような状況による。

　本書の目的がうまく機能しているかどうかについては，読者の皆様からのご意見・ご批判を頂ければ，ありがたい。本書の執筆においては，実際の講義で使用させていただいている経営戦略の英文教科書や著書を参考にさせていただくとともに諸先輩・同僚の皆様からいくつかのコメントを頂いたことに深く感謝する。また，出版に際しては，創成社の西田徹氏にお世話になった。なお，本書に誤りがあれば著者の未熟に起因するところである。

2008 年 8 月 31 日　東京にて

著者　高垣行男

改訂版発行にあたって

　本書の初版は 2008 年 9 月であり，その後に増刷を行ったが，このたび改訂版を発行することとなった。改訂は，（1）中小企業も対象にしている，（2）戦略立案の手順の自由度，（3）付録の事例の位置づけなどについて注意喚起することを目的としており，あわせて（4）本文の見直しも行った。

　改訂の詳細については，次頁の「本書を活用する上での留意点」を参照願いたい。改訂に際しては，大城朝子氏と百武仁志氏のご協力を得た。お二人に深謝します。

　また，改訂版の出版に際しては，創成社の西田徹氏にお世話になった。なお，本書に誤りがあれば編著者の責によるところである。

2022 年 12 月 31 日　東京にて

編著者　高垣行男

本書を活用する上での留意点

　読者の皆さんが本書を読むにあたって，（1）中小企業も対象，（2）戦略立案の手順の自由度，（3）付録の事例の位置づけなどについての留意点を明記するものです。本書の改訂はこれらについて注意喚起するものです。とくに，中小企業に関する経営戦略といった図書が出版されていますが，本書はもともと「中小企業にも適用できる」ことを前提に執筆しています。本文のあちこちに書き加えるわけにもいかないので，まとめて注意喚起をするものです。

（1）中小企業も対象

　中小企業とは 1963 年に制定された「中小企業基本法」の規定によって企業の規模（資本金と従業員）が大きくない企業を意味します。規模で規定しているだけなので，基本的には大きな企業の戦略と変わりません。しかし，規模が小さいので，第 1 章で示した戦略経営（第 1 章）の意識が不十分であったり，組織的な制約（第 7 章）から戦略案を策定したり実行するスタッフが足りません。そのほかに，商圏が地域に限定されることが多い，ファミリー企業（同族企業）が多いので所有と経営が未分化といった特徴があります。

　経営戦略といえば経営資源が潤沢な大企業で策定されることが多いですが，中小企業であっても経営戦略を重視しなければ生き残れません。

　本書は，大企業だけではなく中小企業も経営戦略を策定するうえで共通する事項を記述していました。

　本書の中では戦略経営の概念の中で中小企業の戦略立案について以下のように捉えています。

①戦略経営の 4 段階（P.3）：

　中小企業は大企業と異なり，目の前にある仕事を大量にこなしていかなければ企業の運営自体ができないことから，戦略経営の第 1 段階（基本的財務計画の立案）にあると想定しています。しかし，先にも述べたように，中小企業も戦略経営の段階を，第 1 段階から順次，第 4 段階になっていくことを想定します。

②戦略経営展開の簡易版（P.5 ～ 6）：

　しかし，中小企業が大企業と同じような戦略経営展開をすることは不可能であると考えられることから，「企業の現状はどのようなものか？」「何も対応しないとすれば，1 年後にはどうなるのか？」など，単純な疑問からはじめることを薦めています。

vi……◎

③戦略経営の対象領域 (P.8)：

　これは，大企業に比べて中小企業は製品・市場，経営資源，経営組織，企業間関係の領域が狭いためです。

④戦略経営の策定と実行手順 (P.10)：

　中小企業の場合，上述のようなこともあり，合意形成の手続きがトップダウンであることが多いです。しかし，戦略経営を実施していくのに当たっては，他のタイプも検討する必要がある可能性があります。

⑤戦略の策定 (P.14～17)：

　そして，戦略を作成するのに当たって中小企業は経営者の経験や勘に頼ることが多いです。しかし，戦略経営を行うのに当たっては中小企業であっても経験や勘を優先するより合理的でシステマティックに行動する必要があります。

　中小企業でも必要不可欠な戦略経営を念頭に置いて実施案を作成する際は，①から⑤に記した本書の各ページを参照してください。

(2)　戦略立案の手順の自由度

　戦略経営の立案の手順として第1章では「環境検証 → 戦略策定 → 戦略の実施 → 評価と管理」について概説して，第3章から第10章には各段階での説明をしています。

　言い換えれば「環境検証」はSWOT分析であり，「戦略策定 → 戦略の実施 → 評価と管理」はマネジメント・サイクル (Plan, Do, See) に相当します。計画 (Plan) は幾つかの手法が発達しており経営者は決断を下すことには積極的です。しかし，実行 (Do) は組織内の経営管理者が従業員を動員して行うが，評価 (See) は時として行わないとか他人任せとなることもありますが好ましくありません。第10章の最初の囲みを参照してください。なお，緊急を要するので計画を行いながら実行ということもあり得ます。本書では正統法の手順を表記しています。各々の企業の状況に応じて柔軟に戦略立案を行ってください。

(3)　付録の事例の位置づけ

　付録には，戦略経営の立案の手順の中で「環境検証 → 戦略策定」の例を提示しています。今回の改訂版の発行時点のものではなくて，過去のある時点での事例です。改訂版の発行時点のものを提示しても時間を経るとすぐに陳腐化します。この例を参考にして，読者の皆さんで，最近の分析を行ってください。

(4)　本文の見直し

　内容が陳腐化している箇所などの見直しを行いましたが個々には表記を省略します。

目　次

第 1 章　戦略経営の概念

　企業は，めまぐるしく変化する事業環境のなかで経済活動を営んでいる。事業環境としては，企業が事業を行う①産業内の利害関係者（stakeholder）の動向，さらに②産業全体に影響する事柄をあげることができる。事業環境の変化は，企業に対して変革を迫る。企業は持続的な成長を遂げるために，環境変化に対応して新製品やサービスを開発し，活動方法を確立しなければならない。企業組織の構成員が環境の変化に合致した変革を行うわけであり，そのためには基本方針が必要となる。その機能を果たすのが戦略（strategy）である。

　米国の経営研究では，1900年代に「管理」，1930年代から「組織」に研究の中心が置かれ，1960年代から「戦略」が注目を浴びた。経営管理や経営組織は企業の内部に関する事柄が多いが，米国企業は1960年代になってめまぐるしく変化する外部の事業環境を無視することができなくなり，戦略の重要性が認識されたことがその理由である。多くの経営書が経営研究の時系列に応じて，「管理」，「組織」，そして「戦略」という順序で記述しているが，これらは独立した分野ではなく相互関連がある。つまり現代の企業では外部の事業環境を無視して企業の運営ができるわけではなく，さらに戦略の遂行と成果の確認をしていく場合に，管理と組織は避けて通るわけにはいかない。戦略，組織，そして管理は企業経営においては三位一体である。戦略を議論すれば，組織と管理も議論することになり，企業経営を研究するには，戦略を研究することを内包している。

　本章では，戦略立案の手順を概観することで戦略経営を解説する。これを，本書における企業研究の基本分析ツールとする。

1.1 戦略レベル

(1) 戦略経営

　戦略経営（strategic management）とは，企業の長期的にわたる業績を左右する経営上の意思決定および行動の組み合わせである。これには，①事業環境の現状把握（外部分析と内部分析），②戦略の策定（戦略計画または長期計画），③戦略の具体化および評価と管理が含まれている。従来の経営政策（business policy）は経営管理の方向性を示すものであり，その関心は企業の多様な職能別活動を適切に取りまとめるために視点が内側に向きがちである。戦略経営は，企業の強みと弱みを踏まえた上で，外部からの機会と脅威に注目し，これを評価することに重点を置いている。戦略経営はもともと経営方針と呼ばれていたものに長期計画や戦略といった主題を取り入れたものである。

　戦略経営は，経営方針に基づき社内を統合することに，環境と戦略の重要性を取り込もうというものであり，この意味で，戦略経営という言葉が経営政策に取って代わりつつある。

　戦略経営において活用される手法の多くは，事業を行っている企業自身やコンサルティング会社によって開発された[1]。その企業で実際に使用されて成功を収めたことから他の企業でも実行し，そして経営学研究者たちが経営理論として，精緻化して概念を整理・拡充して来た。戦略理論の発展については第2章において詳しく説明する。

　戦略経営が最も使われたのは，多角化した大企業においてであった。米国のゼネラル・エレクトリック（GE）社は戦略計画立案の新手法をいち早く取り入れた企業であるが，1980年代には戦略計画の立案段階から戦略経営への移行を主導した。1990年代にいたって多数の企業が戦略経営に切り替え始めた。事業環境の変化のなかで，企業組織の経営責任者が自社の競争力を維持するために戦略経営と真剣に取り組むようになりつつある。

（２）戦略経営の４段階

　企業の将来計画のタイムスパンとして，単年度単位の短期計画，３年程度を目途とする中期計画，そして５年程度を目途とする長期計画がある。

　企業によっては，すべてが戦略経営を行っているわけではなく，その段階に到達するまでには，図表１－１に示すように，タイムスパンと内容によって次の４つの段階を経て戦略経営の段階までの進化をたどってきた。

図表１－１　戦略経営の４段階

戦略経営の４段階と期間	
第１段階	基本的財務計画の立案：通常１年間
第２段階	予測に基づいた計画の立案：３～５年計画
第３段階	外部志向の計画（戦略計画）の立案：３～５年計画
第４段階	戦略経営：３～５年計画

　① 第１段階：単年度予算案の立案：対象期間は通常１年間である。

　各部門の経営管理者が次年度予算の提出を要求されて初めてその前提条件としての業務計画づくりを開始する。くわしい分析を行うこともなく企業内で得られる情報に基づいて業務計画の企画が提案される。販売部門は市場環境に関する情報を他部門にはわずかしか提供しないことが多い。業務計画は経営戦略の体裁を保とうとしているだけだが作成には多大な時間を要する。経営管理者が予算案にいろいろなアイデアを詰め込もうとしていると本来業務が何週間も停止状態になることが往々にしてある。

　② 第２段階：予測に基づいた計画の立案：３年～５年である。

　中・長期の検討をするのに単年度予算では不十分なので立案者は３～５カ年計画を提案しようとする。内部情報に加えて手短に入手できる事業環境のデータを収集し，今までの趨勢をもとに数年先を予想する。予算案の整合性が取れるようにするには手間がかかり立案者は時として１カ月間も奮闘することもある。予算案の評価と予想の正当性についての議論をめぐって果てしない会議が続き，部門ごとの予算枠取りにかかわるので社内政治的なものになりがちである。

4 ……◎

③ 第3段階：外部志向の計画（戦略計画）の立案：3〜5年計画

中・長期計画が社内政治の産物でかつ効果が上がらないことに業を煮やした経営者は戦略計画の考え方を取り入れて計画立案を進めようとする。戦略的思考により市場の変化や競争への対応力を強めようとする。計画立案は担当部門の管理者の手を離れ，全社的な企画スタッフの手に集中される。企画スタッフが情報収集や将来の傾向を予測する際に用いる革新的な手法は精緻で外部コンサルタントによって提供されることもある。他社との競合情報入手のために外部の専門家チームを編成する。取締役たちは集められて企画スタッフの中心人物の指導により現在の戦略計画を評価したり修正を加えたりする。こうしたトップダウンによる計画作成は公式な戦略策定の意義を強調するが，実行するという課題は中間管理者に委ねられる。最高経営責任者である社長はコンサルタントの助力で中・長期計画を作成するが社内の中間管理者からの情報に頼ることはあまりない。

④ 第4段階：戦略経営：3〜5年計画

社内の中間管理者からの情報と実行意欲の裏づけがない戦略計画は，意味がないと気付いた最高経営責任者である社長は各部門から管理者クラスと多様なレベルのキーパーソンを集めて企業内で企画立案グループを組織する。このグループが企業目的の達成のための一連の戦略計画を立案し仕上げる。この計画は起こりそうなシナリオと不慮の出来事に対する戦略に重点を置いている。戦略計画には戦略の具体化への方法，評価方法，管理の細目が盛り込まれる。各年次を通じて戦略的な考え方が組織の各階層に浸透している。

（3）戦略経営の特徴と利点

図表1−1の第4段階である戦略経営の特徴は次のとおりである。

① 戦略経営は将来に関して現在行う意思決定である。

② 戦略経営は計画を策定することで将来の経営目標を明示し，共有することによって組織の構成員に積極的な参加意識を醸成させる。

③ 戦略経営の決定は最高経営責任者の任務である。

④　戦略経営は企業活動を統制（コントロール）するための道具立てとして，計画と実績との差を確認する管理手法である。

　戦略経営を採用した企業は，採用していない企業に比べて一般に業績が優れていることが調査によって明らかになっている[2]。企業を取り巻く環境とその戦略，組織の構造，実行プロセスとの間に整合性，あるいは「適合性」があれば，それは企業の業績に好ましい影響をもたらす。

　戦略経営を実行することの利点として最も評価が高いのは次の3つである。

①　企業における戦略ビジョンの意義付けがより明確になる。

②　戦略的に重要な事項に対してより的確に焦点が絞りやすくなる。

③　急速に変化する環境への理解度が増す。

　戦略経営を展開するということは，ある意味で次の4つの疑問に対して答えることにほかならない。

①　企業の目的と目標は何か。

　　これは企業がどこへ行こうとしているのかを述べることである。戦略展開の実施中に，絶えずこの質問に答えることによって，経営者は「目的」，「目標」，「戦略」との間に起こり得る矛盾を避けることができる。

②　企業の現状はどのような状態にあるか。

　　これは組織が目標を達成しつつあるか，もしそうならその進捗の水準は満足なものかどうかを経営者に知らせることである。

③　企業は現在どんな種類の環境のなかに置かれているのか。

　　組織の内外の環境に関する問題である。

④　将来の企業の目標を達成するには何をなすべきか。

　　これに対する答は上の3つの質問に答えれば，おのずと出てくる。

　　戦略経営の4段階を図表1−1に示したが，その効果を発揮するために，必ずしも4段階を踏む必要があるとは限らない。もっと簡単に，次のような単純な疑問から始めることも可能である。

①　企業の現状はどうなのか？

②　何も対応をしないとすれば，1年後にはどうなるのか？

6 ……◎

　2年後は？　5年後は？　それでいいのか？

③　それで満足できないならば，どのような行動を取るべきか？

　行動すれば，どのような利点があり，またどのようなリスクがあるのか？

（4）経営理念とビジョン（事業目標）

　戦略と同様に，従業員の意思決定や行動の指針となるものに経営理念やビジョン（事業目標）が存在する。経営理念とは，当該企業の使命や価値観を観念的に表明したものである。経営理念は，国際性，社会貢献，社会・地球環境との共生，顧客志向，従業員の尊重，創造性・革新性，オープン性・透明性などをうたっており，普遍性の高い内容となっている。ビジョンとは具体的な目標であり，経営理念を前提として具体的に企業がどうなっていたいかを明示したものである。たとえば，国際企業であることが経営理念であれば，「5年後に海外売上高比率を半分以上にする」が事業目標になる。事業目標を受けて具体的な行動計画として策定されるのが戦略経営であり手段が明示される。経営理念がビジョンを規定し，ビジョンが戦略経営を規定する関係である。

　経営理念と同じような言葉として，創業家の家訓，社是，社訓，信条（creed）など経験則に基づいたものがある。また，最近では，経営者からのメッセージが，会社パンフレットやHPに公開されるようになってきている。

（5）戦略と戦術

　戦略（strategy）とはもともとは軍事用語であり，企業や事業の運営を意味する経営を結びつけたものである。同じく軍事用語である戦術（tactic）という言葉が用いられることがある。戦略は，大局的な観点から手段を配置し，運用することを意味するが，戦術は，実際の現場で状況に応じ臨機応変に展開する策を意味する。企業でも上述した関係と同じような位置づけで戦略および戦術という言葉が用いられている。全社あるいは各部門のトップによって大局的な観点から策定され，従業員の意思決定および行動を方向づけるのが戦略である。策定された戦略を，従業員が状況に応じ，臨機応変に意思決定し行動する

ことが必要になる。戦略の執行段階におけるこのような従業員の意思決定ならびに行動を戦術という。

1.2　戦略の組織階層レベル

戦略は企業経営の全体にかかわる意思決定であるが，それを組織構造レベルから細分化して考えると3つの階層に類型化することができる。企業はさまざまな事業活動を行っており，複数の事業部を有する企業の場合，企業全体という枠のなかに各事業部が存在し，さらに，事業部という枠組みのなかに各職能が存在する。企業は，①全社，②事業，③職能組織の3つの階層レベルに分けられ，戦略もそれに応じて3つの階層に分けられる。

企業は，この3つの階層別の戦略を組み合わせている。階層によって1つの戦略がもう1つの戦略のなかに入れ子の状態になり，その結果，お互いに補完し合い，助け合う。職能組織戦略が事業戦略を支え，次に事業戦略が企業の全社戦略を支援する。

① **全社戦略** （corporate strategy：企業戦略）

企業全体の方向性や資源分配を考える本社の方針にかかわるのが全社戦略である。企業全体の観点から，事業領域をどのように配置するかを決定する戦略であり，企業の全体的な方向性を，成長に対する全般的な考え方および各種の事業と製品ラインの管理という観点からみる。

全社戦略には，安定，成長，縮小という3つの方向がある。具体的には，成長の期待できる事業（製品・市場）分野へ進出する「多角化戦略」や「国際化戦略」，逆に，成長の期待できなくなった事業分野を切り捨てる撤退戦略などである。

② **事業戦略** （business strategy）

事業分野は所与として，同業の競争相手に対していかに対応するかということが中心になる。事業戦略には競争または，協調という2つの戦略の選択肢がある。事業戦略は事業部門または製品レベルから生じるもので，その事業部が担当している特定の産業または市場セグメントにおける企業の製品または，サー

8 ……◎

ビスの競争上の立場の改善に重点を置くことになる。

③ 職能組織戦略 (functional strategy)

研究開発，生産，マーケティングなど職能組織ごとの戦略であり，上位に位置する事業戦略を受け，それをいかにうまく実現するかが中心的なテーマとなる。職能組織戦略は，企業と事業部門の目的と戦略を達成するために，経営資源の活用を最大化する活動をもたらすために職能部門によって採用される戦略である。これは企業（または，事業部門）に競争優位をもたらすための卓越した能力 (distinctive capability) の開発，育成をどうするかということである。研究開発の職能別戦略の具体例として，技術革新の先駆となる技術リーダーシップ戦略と，他社の製品を模倣する技術追随戦略がある。

1.3　戦略経営の対象領域

戦略経営の検討対象として，⑴製品・市場，⑵経営資源，⑶経営組織，そして⑷企業間関係の領域について議論する。

（1）製品・市場

製品および市場にかかわる決定，すなわち，どのような製品・サービスを，どのような市場（顧客）に対して提供するかということは事業領域をどのようにするかということであり，戦略の大きな検討対象である。

アンソフ（Ansoff, H. I.）は，既存製品なのか新製品なのか，および，既存市場なのか新市場なのかという観点から，市場浸透，新製品開発，市場開発，多角化の4つの戦略に分類している（第2章2.2参照）。

ポーター（Porter, M. E.）は，特異性をもつ製品なのか，コストを優先の製品なのか，および，広範囲な市場を対象とするのか，限定された市場を対象とするのかという観点から，差別化，コスト・リーダーシップ，集中の3つの戦略を示している（第2章2.3参照）。

製品・市場分野の決定という点では，新規参入や撤退，そして市場を国外に求める国際化なども戦略の重要なテーマである。

（2）経営資源

　戦略は，経営資源の獲得，蓄積，配分をテーマとする。経営資源に基づく一連の研究は，他社とは異なる独自の経営資源が持続的な競争優位を生み出すという前提に立ち，それをいかに獲得，蓄積するかをテーマとしている。従業員による組織的な学習を重点に置くナレッジ・マネジメントも，無形の経営資源である知識の蓄積がテーマである。プロダクト・ポートフォリオ・マネジメント（PPM）は，既存事業の分析を通じて経営資源をいかに効率よく配分するかをテーマとする。

　なお，研究開発戦略や生産戦略，マーケティング戦略，財務戦略など，企業内における職能部門戦略も，経営資源にかかわるテーマといえる。

（3）経営組織

　戦略を策定し実行する主体としての組織も戦略の対象領域とする。策定された戦略は実行されることになるが，戦略を成功裏に実行するための組織構築も課題となる。つまり戦略の策定や実行にかかわる組織体制や組織文化が戦略上のテーマとなるのである。

　戦略と組織の関係はチャンドラーの指摘にあるように密接である。ミンツバーグ（Mintzberg, H.）やバーゲルマン（Burgelman, R.A.）の研究は，戦略が組織の脈略のなかで形成・策定されるプロセスを解明するものである。リストラクチュアリングやリエンジニアリングのような組織自体の革新も戦略課題といえよう。

　さらに，原料の採掘から，材料や部品の生産，最終製品の生産，物流，そして販売に至る一連のプロセスのなかで，事業領域を広げる垂直統合や逆に活動の幅を狭めるアウトソーシングも，経営組織という意味でも製品・市場領域の決定という意味でも戦略課題といえる。

（4）企業間関係

　戦略は，企業間関係の構築を対象領域とする。ある事業に新規参入を果たそ

うとするときに，すべて自社の経営資源を活用して行うという選択があるが，他の企業と共同で製品を開発し，販路も開拓するという選択もある。迅速な市場参入には他企業を買収することもある。このようにアライアンスや合併・買収（M&A：mergers and acquisitions）が戦略上の検討課題となるのである。また，ライセンシングやフランチャイジングも対象となる。

1.4　戦略経営の策定と実行の手順

　戦略の策定は企業組織において一定の手続きによって合意が形成され，最終的には最高経営責任者である社長の意思決定によってその計画が承認され実行の過程に移される。企業組織内における戦略の策定と合意形成の手続きには次の4タイプがある。

　①　トップダウンによる。

　②　ボトムアップによる。

　③　トップダウンとボトムアップの混合による。

　④　各事業部門の長からなる委員会を作り長期計画を策定する。

　このなかで，①は最高経営責任者である社長のリーダーシップが強い企業でみられ，②は多くの日本企業のようにリーダーシップが強烈でない企業にみられる。③や④の方法は複数事業を行う大企業で分権的な経営を行っている戦略経営の計画策定方法であるが，中規模の企業でも最高経営責任者である社長が，④の方法を取らせる場合もある。

　図表1－1の第4段階で戦略経営が定着した企業では，継続的に戦略経営の計画策定を行う責任担当部門は企画部門である。企画部門の組織は，企業の生い立ち，業種の特性，多角化の度合，企画部門の能力，期待度，組織的位置づけによってもその役割・機能は異なってくる。

　一般的には企画部門の機能として，①最高意思決定組織（経営会議，常務会など）の事務局としての機能，②中長期計画の策定，③特命プロジェクトの調査企画，④産業や他社動向の調査などがある。

　戦略は，企業が事業環境の変化に対応するための指針であるから，事業環境

の実態を把握し，将来の変化を予測することが，戦略策定の前提として必要になる。企業外部の環境だけでなく，企業内部の環境も把握することが必要になる。

　戦略は策定されて，実行されることになるが，戦略が計画通りに実行されない，もしくは当初予定の成果を出さないことがある。したがって実行された戦略を評価し，必要に応じて各活動を修正したりやり直したりすることもある。戦略経営における，策定と実行は次の4つの作業段階を経る。

①　事業環境の分析（環境検証）

②　戦略の策定

③　戦略の実施

④　評価と管理

　図表1-2は，これら4つのステップの相互関係を図示したものであり，図表1-3はこれらの各項目をさらに詳しく表記したものである。

図表1-2　戦略経営プロセスの基本的な要素

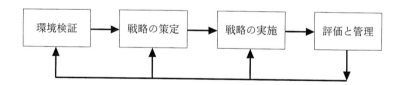

図表1－3　戦略経営のモデル

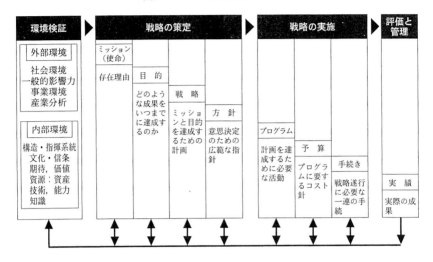

出所：Wheelen and Hunger［2000］.

1.4.1　事業環境の分析

　事業環境の分析（環境検証）とは，企業内の意思決定者のために，企業内外の事業環境から得た情報を把握し，評価し，知らせることである。その最大の目的は，企業の将来を左右しかねない外部および内部の環境を明確に認識することである。事業環境分析において簡単でかつよく使われる方法はSWOT（スウォット）分析がある。

　企業内部の戦略要因である強み（Strengths）と弱み（Weaknesses），そして組織の外部にあって経営者の力が及ばない変動要因である機会（Opportunities）と脅威（Threats）の4つの頭文字からSWOT分析という。図表1－4は，事業環境の変動要因のうちの主要なものを示している。

図表 1 − 4　環境変動要因

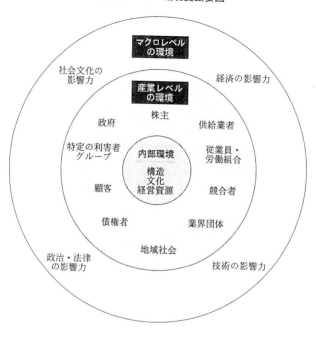

出所：Wheelen and Hunger [2000].

　外部の事業環境分析の対象は，大きく 2 つに分けられる。それは，産業レベルの環境と，さらにその外側のマクロレベルの環境である。産業レベルの環境とは，企業に直接的な影響を与えるステークホルダー（利害関係者）を意味する。この変動要因が企業活動に影響を及ぼす。具体的には，競合者，新規参入業者，代替品業者，供給業者，顧客などであり，特に競争戦略の策定において重要である。一方，マクロ環境とは，産業全体に影響する要因，すなわち国のレベルや世界レベルの環境であり，政治・法律，経済，社会・文化，技術などの動向である。多角化や国際化など比較的大きなイノベーションを伴う戦略を模索する場合は，マクロ環境の分析が重要になる。

　内部環境分析の主要な対象は，自社の経営資源，すなわち，人的資源（ヒト），

物的資源（モノ），資金的資源（カネ），情報的資源である。経営資源のほかに，企業の構造，文化などがある。これらについて，全社的な観点から分析することも必要であるが，職能的な面からの分析が容易である。企業はさまざまな職能を保有しており，研究開発，財務，人事，生産，物流，マーケティングなどについての職能がある。それぞれの経営資源が強いか弱いかという観点から分析する。この強弱が企業活動の源となる。トップ・マネジメントの支配力が短期的には及ぼすことはできないが，長期的には企業自らが変動させることができる。強みのうちの重要なものは，企業が競合他社に対する競争優位を獲得するために用いることが可能なコア・コンピタンスを形成するかどうかである（第5章で詳しく議論する）。

1.4.2　戦略の策定

　戦略の策定とは，企業の強みと弱みを踏まえて，外部の事業環境によって生じる機会と脅威を有効に管理するための長期計画を作成することをいう。

　計画には，①企業のミッションを定めること，②達成可能な目的を定めること，③戦略を策定すること，④方針のガイドラインを設定することが含まれる。

　① ミッション

　企業のミッション（使命）とは，企業の存在目的もしくは理由である。企業が社会に何を提供するのか，すなわち自動車のような製品なのか，ガードマンによる警備のようなサービスを提供するのかを伝えることである。ミッション・ステートメントは，その内容をうまく伝える文章であり，基本的で，独自な目的を定め，それによってその企業は他の企業と異なる種類の会社であることを明らかにし，その企業の活動範囲を，提供する製品（もしくはサービス）や目的とする市場の形で限定する。また，ビジネスの方法や従業員の待遇に関する企業の考え方を含める。そして企業の現状のみならず，どういう会社でありたいか，すなわち企業の将来に対する経営者のビジョンも表現する。

　ミッションは組織の現状を，ビジョンは組織の将来像を述べるものであり，ビジョンとミッションを2つの異なった概念と考える場合もある。しかし，企

業の将来像はもちろん，どのような企業で，どのような活動をしているのかを述べるのであり，両者を1つのステートメント（文章化したもの）にまとめるほうがわかりやすい。ミッション・ステートメントは，企業内部の従業員間に共通の期待感をもたせ，企業外部の利害関係者に企業の社会的な立場や姿勢を伝える。

　ミッションの範囲は広くても，狭くても差し支えはない。しかしながら，一長一短がある。広範囲なミッション・ステートメントのよくある例に「株主，顧客，従業員の利益のために奉仕する」というものがある。広範囲であることから，企業が一分野あるいは一定の商品に束縛されることはないが，その企業が何を作っているのか，あるいは重点を置いているのはどの市場で，どの商品なのかを明確に特定できない。広範囲なステートメントは一般的すぎるので，狭いミッション・ステートメントのほうが有効である。狭い範囲のミッションは組織の主要なビジネスを非常に明確に語るが，企業の活動範囲を現在提供している製品あるいはサービス，使用している技術，対象とする市場に限定してしまう可能性もある。

　② 目　　的

　企業の目的とは戦略で計画した活動の最終的な結果の期待値である。何をいつまでに達成するのかを示し，それを数値化したものである。企業目的を達成することでミッションの実現という結果に終わることを期待されている。

　目的（objective）とは別に目標（goal）という言葉も使われる。目的が達成すべき数値がある（定量的）のに対して，目標には達成すべき数値がなくて完了の時間的な節目もなくて達成したい項目（定性的）である。

　「収益性の向上」という表現は目標であって目的ではない。目的では「来年度中に利益を10％増加させる」という表現になる。

　次に企業によって目標や目的としてよくとりあげられる項目を，図表1−5に列挙する。

図表 1 - 5　企業の目標・目的

企業の目標・目的	
収益性	純利益
効率性	生産ロス低減，低コストなど
成長性	純資産や売上高の増加など
株主の財産価値	配当＋株価を上げる
経営資源の活用度	投資収益率（または，株主資本利益率）
社会からの評判	トップ企業や優良企業と見られること
従業員への寄与	賃金，福利厚生，働き甲斐
社会貢献	税金の支払，慈善事業参加，製品（または，サービス）の提供
市場リーダーシップ	市場シェア
技術リーダーシップ	技術革新，創造力
生存	倒産の回避
経営者の個人的必要性	創業者の家族への事業継承など

　ところで，企業内で正式に定められた目的をもたない企業も多いが，成文化された戦略をもたない企業も多い。これらの企業では目的も戦略もなくて経営がなされているわけではなくて，経営者の直感に依存しているが，暗黙の戦略をもつ企業であり，経営者の言葉や行動に現れる。企業方針，承認された計画やプロジェクト，承認された予算，人員の配置から暗黙の戦略が汲み取れる。

③ 戦略の策定

　戦略の策定は企業がそのミッションと目的を達成する方法を記載した包括的なマスタープランの形をとる。戦略は競争優位を最大限に利用し，競争上の不利を極小化しようとするものである。ビジョンを達成できる戦略案は必ずしも１つではないということにも留意すべきである。

④ 方　　針

　方針は戦略の策定をその具体化に結びつけるための意思決定に対する広範囲な指針である。企業は方針によって社内の全従業員がミッション，目的および

戦略を支える意思決定を行い，行動を起こすことを確保しようとするのである。

1.4.3　戦略の具体化

　戦略の具体化は，①プログラム，②予算，③手続きの作成を通じて戦略と方針が実行に移されるプロセスである。このプロセスは組織全体の文化，構造，経営システムを全面的に変えてしまう可能性を秘めている。しかしこのような企業全体の抜本的な変革が必要な場合を除いて，戦略の実行は一般的に中・下位の経営管理者によって行われ，最高経営責任者はこれを点検する。戦略の具体化はしばしば経営資源の配分に関して毎日のように意思決定が必要なこともあり，業務計画（operational planning）と呼ばれる。

　① プログラム

　プログラムは一度限りである計画を達成するために必要な活動または手順を文章化したもの（ステートメント）である。これによって戦略が行動へと方向付けされる。

　② 予　　算

　予算は企業のプログラムを金額で表したもの（ステートメント）である。予算は計画立案だけでなく管理にも用いられ，プログラムにかかる費用の詳細内訳をリストアップしたものである。

　また，予想財務諸表（pro forma financial statements）を作成して予想の投資収益率を算出することが多い。新規プログラムの採用可否の検討にあたって，あらかじめ定めた投資収益率を確保できることを判断基準にする場合が多い[3]。予算は，新戦略の詳細計画の役目だけでなく，企業の財務に対して予想される影響を明らかにしておく役割もある。

　③ 手 続 き

　手続きとは，特定の作業または職務が連続的に行われるべき手順（または手法）を詳細に記述した手順書（operating procedures）である。これは一般的には企業のプログラムを完結するために遂行しなければならないさまざまな活動を詳しく述べたものである。一般的，共通的なものは標準作業手順（SOP：sta-

18……◎

ndard operating procedures）と呼ばれることもある。

1.4.4　評価と管理

　評価と管理は，実際の業績と望ましい業績の比較ができるように，企業の活動と業績の結果を監視するプロセスである。すべてのレベルの経営管理者はその結果として得られた情報を用いて，是正措置を講じ，問題を解決する。評価と管理は戦略経営の最終段階として重要な要素であるが，前段階で実行された戦略計画の弱点を指摘し，プロセス全体の再循環を促進するのである。

　実績は活動の最終結果である。これには戦略経営プロセスの実際の結果も含まれる。戦略経営の実践が正当化される理由は，組織の実績，特に利益と投資収益率を改善させる力があるという点にある。評価と管理を有効に行うためには，マネジャーは企業における自分以下の階層から明瞭で，偏見のない情報を速やかに取得しなければならない。マネジャーはこの情報を基に実際に生じたことと本来策定段階で計画したことを比較する。

　戦略経営のモデルは実績の評価と管理で完了する。経営者は，実績の結果によっては，戦略の策定と戦略の具体化のいずれか，あるいはその双方に修正を加える必要があるかもしれない。

1.5　戦略的意思決定のプロセス

　戦略計画策定の手順は前述の1.4.1〜1.4.4であるが，ウィーレン（Wheelen 2005）は戦略的意思決定の改善のために次の8段階の方法を提案している（図表1−6参照）。

　① 現状評価

　(a)投資収益率，収益性など現在の実績評価，(b)現在のミッション，目的，方針について評価する。

　② コーポレート・ガバナンスの点検

　取締役会およびトップ・マネジメントの実績を点検する。

図表 1 - 6　戦略的意思決定のプロセス

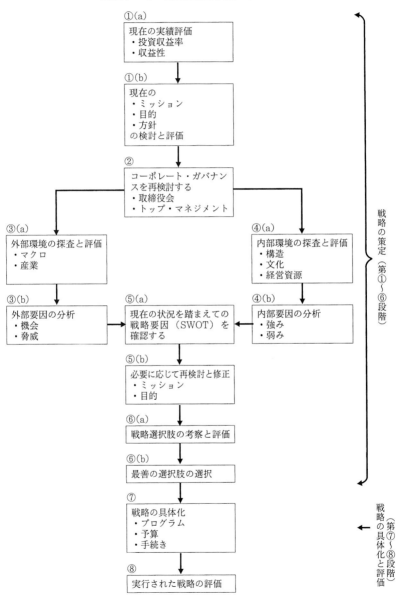

出所：Wheelen and Hunger［2000］を修正。

③ 外部環境の調査・分析と評価

機会（O）と脅威（T）をもたらす主要な要因を確認する。

④ 企業内部環境の分析と評価

強み（S，特にコア・コンピタンス）と弱み（W）となる要因を確認する。

⑤ 戦略（SWOT）の分析

(a)問題分野を特定し，(b)必要に応じて企業のミッションと目的の再検討と修正をする。

⑥ 最善の戦略選択肢の考案，評価，選択

⑤の分析結果に基づく。

⑦ 選択された戦略の具体化

プログラム，予算，手続きを通じて具体化する。

⑧ 実行された戦略の評価

フィードバック・システムと，計画からの乖離を最小限にとどめるための活動の管理を通じて行う。

1.6　ま と め

　本章では，戦略レベル，戦略の組織階層レベル，戦略経営の対象領域，戦略経営の策定と実行の手順，戦略的意思決定のプロセスについて紹介した。このような考え方の基本には，戦略経営を単なる経験や勘で行うのではなく，合理的にシステマティックに実施しようという考え方がある。さらに，このような戦略経営を可能にするものに戦略経営理論と実践的手法がある。まず，次章では理論に焦点を当てる。

【注】

1）実際に多く使用されている手法として，ボストン・コンサルティング・グループ（The Boston Consulting Group）とマッキンゼー・アンド・カンパニー（McKinsey and Company）といったコンサルティング会社によって開発されて，ゼネラル・エレクトリック（GE）社において成果を出したプロダクト・ポートフォリオ・マネジメント（PPM）がある。詳細は，第3章を参照されたい。

2）米国では，Miller and Cardinal［1994］，Pekar and Abraham［1995］，Pekar and Abraham［2000］などの研究がある。

3）米国企業では「ハードル・レート（hurdle rate)」と呼ばれる。

【参考文献】

Andersen, T.J., "Strategic Planning, Autonomous Actions and Corporate Performance," *Long Range Planning*, April 2000, pp.184-200.

Ansoff, H. I., *Corporate Strategy*, McGraw Hill, 1965.
　　（広田寿亮訳『企業戦略論』産業能率大学出版部，1969年）

Ansoff, H. I. *Strategic Management*, Halsted Press, 1979.
　　（中村元一他訳『戦略経営』産業能率大学出版部，1980年）

Burgelman, R.A., Designs for Corporate Entrepreneurship in Established Firms, *California Management Review*, Vol.26, No.3, 1984.

Miller, C.C. and L.B. Cardinal, "Strategic Planning and Firm Performance: A Synthesis of More Than Two Decades of Research," *Academy of management Journal*, 1994, pp.1649-1665.

Mintberg, H. and Waters, J. A. Of Strategies, Deliberate and Emergent, *Strategic Management Journal*, Vol.6, 1985.

Pekar, P. Jr., and S. Abraham, "Is Strategic Management Living Up to It Promise?", *Long Range Planning*, October 1995, pp.32-44.

Porter, M.E. *Competitive Strategy*, The Free Press, 1980.
　　（土岐他訳『競争の戦略』ダイヤモンド社，1982年）

Porter, M.E. *Competitive Advantage*, The Free Press, 1985.
　　（土岐他訳『競争優位の戦略』ダイヤモンド社，1985年）

Schumpeter, J.A., Theorie der wirtschaftlichen Entwick 2 Aul., Drucker & Humblt, 1926.
　　（塩野谷裕一，中村伊知郎，東畑精一訳『経済発展の理論』岩波書店，1980年）

Wheelen T.L. and Hunger J D, *Strategic management and Business Policy*, Prentice Hall, 2000, pp.20-21.

第2章　戦略理論の発展

　戦略に関する議論の歴史はそれほど古くはなく，本格的な研究が始まったのは1960年代であり，アメリカの産業界において，従来の経営政策（business policy）に代わって戦略が重要視されるようになった[1]。

　「経営政策」が重要であった時代は，顧客や製品の種類が限られており，経営者にとって各種の職能組織の領域（たとえば生産と販売）を相互に調整することはさほど困難ではなかった。しかし生産物の種類が増え，新しい市場が加わってくるにつれて各々の企業活動を統合するための正式な手続きが必要になった。そこで企業内部の各職能領域を1つの独立の組織と考えて全体を統合するための「ポリシー」（政策，方針）が必要であった。こうして経営実務においても経営政策が最高経営者の主たる任務と理解されるようになった。

　しかし，1950年代から60年代にかけて組織の規模や複雑性が増大し，環境の変化が急速になるにつれて，上述のような経営政策のパラダイムだけでは企業が直面する組織と環境の変化の問題に応えることが困難であることが認識され始めた。ここに新しく「戦略」の概念が登場するにいたったのである。

　ただし，その重要性に対する認識の高まりに伴い，さまざまな観点から研究がされるようになった。そして，今日では，経営戦略研究は経営学のなかでも主要分野を占めるに至っているが，本章では特に影響の大きかった研究をとりあげ，その概要をみることにする。そのなかで，どのようにして，現在の戦略経営の考え方が整理されてきたかについての理解ができる。

2.1　チャンドラー

　企業経営に戦略という概念を初めて導入したのはチャンドラー（Chandler, A. D. Jr.）である。チャンドラーは，1962年に出版された自著のなかで，戦略を「企業の基本的な長期の目的と目標の決定，およびこれらの目的を達成するために必要な行動の確定とそのために必要な資源の配分」と定義し，企業の戦略として，①量的拡大，②地理的分散，③垂直統合，④多角化の4タイプを示した。

　チャンドラーは，アメリカを代表とするデュポン，ゼネラル・モーターズ，スタンダード石油（ニュージャージー），シアーズ・ローバッグの4社を中心とした事例研究を通して，その成長過程を実証的に分析し，戦略と分権的組織（事業部制）の成立過程との間に密接な関係があることを検証した。

　これらの4社において地域的拡大や多角化による企業活動の発展に伴って，従来まであった集権的な職能部門組織から分権的な事業部制に変化していることを見出した。企業の組織構造や行動の特性は，その企業が環境適応のために採用する戦略の内容によって決定されるものであり，そのために，まず適切な戦略を策定することが組織構造の設定の前に優先されるべきであることを主張した。

　チャンドラーの研究は，企業の組織構造は採用される戦略によることを明らかにしたものであり，のちにチャンドラーの命題（「組織は戦略に従う」：Structure follows strategy）といわれている。チャンドラーの命題に関してはその後に多くの研究がなされた。ストップフォード＝ウエルズ（Stopford and Wells 1972）の多国籍戦略と組織構造の研究，ルーメルト（Rumelt 1974）のアメリカ大企業の多角化戦略と組織構造，組織成果の関連についての研究がある。

　ストップフォード＝ウエルズ（Stopford and Wells 1972）の多国籍戦略と組織構造の研究では，多国籍企業においても戦略によって，自立的（海外）子会社のフェーズ1から国際事業部のフェーズ2そしてグローバル構造のフェーズ3へと展開することを関連づけたものである。具体的には，ステージ1（単一

製品・単一職能）からステージ 2 （単一製品・多職能）そしてステージ 3 （多製品・多職能）へと戦略が転換すると，それに伴ってしだいに事業部制組織へ組織も展開するという内容である。

ルーメルト（Rumelt 1974）はアメリカ大企業の多角化戦略と組織構造，組織成果の関連を調べている。それによると，第 1 に，1949年から1969年の20年間においてアメリカの大企業では多角化戦略が進展し，しかも，前半の10年間では関連事業への多角化が，そして後半の10年間では非関連事業への多角化が目立っていることを明らかにしている。第 2 に，そのような戦略の変化とともに，組織形態が職能部門制組織から製品別事業部制組織へと移ったことも明らかにし，チャンドラーの命題を裏づけている。第 3 に，関連事業への多角化戦略（本業─集約型と関連事業─集約型）をとった場合でも製品別事業部制組織にしなければ企業の業績は高くない。つまり，戦略と組織の適合関係が必要なことを明らかにしている。

チャンドラーの命題については，ルーメルトなどによるいくつかの調査の結果，次第に因果関係が逆，つまり「組織によって戦略が定まることもある」ということが明らかになってきた。チャンドラー命題は必ずしも真理ではないことが指摘されるようになった。しかし，「戦略」と「組織」が相互に関与していることには変わらない。

2.2　アンソフ

企業が戦略を策定するプロセスそのものについて研究を行ったのがアンソフ（Ansoff, H. I.）であり，1965年に出版された自著（*"Corporate Strategy"*）で，戦略を「部分的無知の状態のもとでの意思決定のためのルール」であるとした。

アンソフは，戦略の概念として「戦略的意思決定の究極の目的は，企業のために製品と市場とのコンビネーションを選択することである」とし，企業がいかなる市場，製品の組み合わせを創造し，どのような事業領域を構築するかを戦略の中心課題に据えている。アンソフによる戦略の定義のなかには，企業の「目的」が入っていないのが特徴である。すなわち，企業目的が定まっている

範疇における戦略概念となっている。

アンソフは，企業の意思決定について，①戦略的意思決定（strategic decision），②管理的意思決定（administrative decision），③業務的意思決定（operational decision）の 3 つに分類した。

また，戦略をその構成要素によってとらえることを主張して，①製品/市場の範囲，②成長ベクトル，③競争上の利点，④シナジー（相乗）効果の 4 つを要素としており，以下に紹介する。

（1）製品/市場の範囲

①市場浸透，②市場開発，③新製品開発，④多角化の 4 タイプの戦略を示した。これらの 4 タイプは，製品が既存なのか新しいのか，および，市場が既存なのか，新しいのかという観点から分類されており，企業が目指す成長の方向性（ベクトル）を示唆している。

図表 2 − 1　製品/市場の範囲

市場	新 規	市場開発 ②	多角化 ④
	既 存	市場浸透 ①	新製品開発 ③
		既 存	新 規
		製　品	

出所：アンソフ［1979］を修正。

（2）成長ベクトル

成長ベクトルを図表 2 − 1 に示した 4 つの枠ごとにみてみよう。

26 ……◎

① 市場浸透戦略

現在の製品と市場分野にとどまり，売上を伸ばし，シェア（市場占有率）を高めていく戦略である。具体的には，コストの低減，広告・宣伝の強化などがあげられる。激しい競争が予想される。市場シェア拡大戦略とも称される。

② 市場開発戦略

既存の製品で新たな市場を開拓して，成長の機会をみつける戦略である。新しいニーズが生まれるのは既存の製品に新しい用途が与えられたり，新しい応用の可能性が見いだされたり，新しい地域に既存の製品を導入したりすることによる。具体的には，既存製品の用途開発による新規市場セグメントの開拓，海外市場の開拓などがあげられる。

③ 新製品開発戦略

現有の市場に対して新製品を投入して，売上の増大を図る戦略である。従来からの製品には含まれていない製品を差別化によってつくりだすこともあれば（製品差別化），まったくとってかわる場合（代用）もある。具体的には，新たな製品機能，用途の創出などがあげられる。

④ 多角化戦略

製品，市場ともに新たな分野に進出し，そこに成長の機会を求める戦略である。具体的には，技術開発，業務提携，M&A（合併・買収）などがあげられる。

（3）競争上の利点

アンソフは，4つの戦略タイプのなかで新規事業への参入を意味する多角化戦略に重点を置き，企業がいかなる事業分野へ進出するかを決定するための意思決定プロセスの解明を試みた。

多角化の動機は企業ごとに異なるが，次の3つに集約することができよう。

① プロダクト・ライフ・サイクル

製品（プロダクト）には寿命（ライフ・サイクル）があるので，主力の単一製品だけに依存していると，その製品が衰退期に近づき需要が減退するに伴って，企業の在続そのものが危うくなる。そこで，製品のライフ・サイクルにおける

段階（開発期，導入期，成長期，成熟期，衰退期）のバランスをとるために新たな製品・市場分野に進出する。

② 利益の安定

業界内での競争の激化，代替品の出現による需要減退など，さまざまな競争要因の変化によって，安定的に利益を確保することは極めて困難である。そこで，安定的な利益の確保を目指して，異なる業界や異なる分野の製品に進出する。

③ 余剰資源の活用

企業活動を通じて，どの企業にも経営資源が蓄積されるが活用されないままのものがある。具体的には，経営ノウハウ，技術ノウハウ，ブランド，顧客の評判などが例としてあげられる。経営資源が活用されずそのまま放置されると余剰資源になるので，それらを活用するために新たな製品・市場分野に進出する。

多角化のタイプとして，アンソフは，①水平型多角化，②垂直型多角化，③集中型多角化，④守勢型多角化の 4 つに分類している。

① 水平型多角化

現在の製品分野の顧客を基盤として，現在の製品分野に関連した製品を投入することである。オートバイメーカーが四輪自動車やモーターボートに進出しているのはこの水平型多角化の典型的な事例である。水平型多角化の動機としては，既存の生産技術や流通経路を活用するというものである。

② 垂直型多角化

サプライ・チェーンの川上（原材料）から川下（消費）にかけて，複数の事業分野で事業を展開することである。垂直型多角化はさらに，現在の事業分野から川下に進出する前方多角化，川上に進出する後方多角化の 2 つに区別される。前方多角化として，素材メーカーや部品メーカーが完成品の分野に進出する事例があげられる。後方多角化としては，川下をになうスーパーが自社ブランドを開発して生産にまで進出する事例があげられる。

③ 集中型多角化

特殊なマーケティング能力や技術上の能力をもつ企業が現在の製品・市場に関連する事業分野に進出することである。たとえば，洋酒メーカーが醸造技術を応用してバイオ関連の薬品分野に進出し，引越輸送業者が家具や電化製品のレンタル事業に進出する事例などが集中型多角化である。

④ 守勢型多角化

現在の製品・市場分野とほとんど関連性のない事業分野に進出することである。鉄鋼メーカーが水産養殖業に進出した事例はこの守勢型多角化である。守勢型多角化は，経験のない異分野での事業展開であるため，他の多角化と比較するとリスクは格段に大きい。また，次項に述べるシナジー効果も少ない。

（4）シナジー

アンソフは，共通の経営資源（共通経営要素）を有機的に結合させることによって生まれる効果をシナジー（synergy：相乗効果）と呼んだ。シナジーは，①販売シナジー，②生産シナジー，③投資シナジー，④経営管理シナジーの4つに区分される。

① 販売シナジー

新事業分野（製品・市場）に進出するにあたって，現在の流通経路，販売組織，広告，宣伝，販売促進，ブランド・イメージなどの利用によって生まれる相乗効果である。

② 生産シナジー

新事業分野（製品・市場）に進出するにあたって，現在の生産設備（工場，機械，工具など），原材料，技術ノウハウなどの利用によって生まれる相乗効果である。

③ 投資シナジー

新事業分野に進出するにあたって，現在の工場，機械・設備などの利用による相乗効果である。

④ 経営管理シナジー

　新事業分野（製品・市場）に進出するにあたって，現在の経営管理者が現在の事業分野で身につけた経営管理についてのノウハウ，スキルなどの利用によって生まれる相乗効果である。

2.3　プロダクト・ポートフォリオ・マネジメント

　1970年代になると，いかに多角化するかという課題から，多角化した複数の事業を抱えることになった企業が各事業に対して経営資源をいかに効率よく配分するかということに関心が移った。この問題を解決すべく，ボストン・コンサルティング・グループ（BCG）社によって開発されたのがプロダクト・ポートフォリオ・マネジメント（product portfolio management：PPM）である。

　PPMは，「マーケット・シェア」が高いのか低いのか，および，「市場成長率」が高いのか低いのかという尺度から 4 つの枠を設け，そのなかに当該企業の事業を位置づける。

　PPMは，戦略的示唆を提供すべく誕生したが，それは，後に効率的な資源配分を実現するために開発された多くの手法に対して，その嚆矢として大きな影響を与えることになった。PPMの詳細は，第 3 章（3.4）に示す。

2.4　ポーターの競争戦略論

　1970年代後半になると，戦略研究に 2 つの変化が現れた。その 1 つが，ポーター（Porter, M. E.）の競争戦略（competitive strategy）である（もう 1 つは2.5を参照）。それまでの研究は，全社的な観点からいかに事業領域を決定するか，あるいは，いかに資源を配分するかをテーマとしていたが，ポーターの競争戦略論は，事業は所与として業界のなかでいかに競争優位（competitive advantage）を築くかを主要なテーマとしている。

　ポーターは，1980年に出版された自著（"*Competitive Strategy*"）のなかで，産業組織論の見地から競争戦略のフレームワークを提示した。

　ポーターは，競争戦略とは，競合者，新規参入者，代替商品，供給者，顧客

など，当該企業に影響を与えうる業界諸要因に対してより優位な立場を築けるよう独自の地位（position）を確立することである。それを実現するための戦略としては，①差別化（differentiation），②コスト・リーダーシップ（cost lea-dership），③集中（focus）の3つの具体的な方法がある。

差別化戦略は，自社の製品やサービスの機能や性質，あるいはその提供方法などに特徴を出すことによってそれらの魅力度を高め，少しでも高い市場占有率を確保しようとする戦略をいう。

コスト・リーダーシップ戦略は，コスト面で競争企業よりも優位な市場地位を占めようという戦略である。コスト・リーダーシップ戦略は価格戦略と呼ばれることもある。

集中化戦略というのは，特定の市場区分（マーケットセグメンテーション）とか，製品分野とか，あるいは特定の地域などに経営資源を集中的に振り向けて，コスト・リーダーシップ戦略あるいは差別化戦略を展開していくことを指す。

ポーターのいう競争戦略は，差別化とコスト・リーダーシップは，片方を取ればもう片方は取れない（トレードオフ）という関係にあるのでどちらを選択するのかということである。さらには，対象市場を競争相手よりも広くするのか狭くするのか，いずれかを選択することで独自の地位を確立することである。

ポーターの研究は，経営戦略の分野において競争戦略論という1つの潮流をつくったが，産業内において競争優位を確立するための定石として多くの企業で広く受け入れられている。

2.4.1　ポーターの産業分析手法

マイケル・ポーター（Porter, M. E.）は，企業が最も懸念しているのは産業内での競争の強さであると指摘している（Porter 1980）。産業内の競争は，図表2−2に示した5つの競争勢力によって決定される。ポーターは「これらの勢力が結集した力が業界における究極の潜在的収益性を決定するが，そこでは潜在的収益性は投下資本の長期的リターンで測定される」と述べている。企業は産業分析を慎重に行って，①新規参入者の脅威，②既存企業間の対抗関係，

③代替品またはサービスの脅威，④買い手の交渉力，⑤売り手（供給業者）の交渉力という 5 つの勢力が企業に及ぼす影響の重要性を評価しなければならない。これらの勢力が強ければ強いほど，企業価値と利益増大が制限されることになる。ポーターがあげたのは 5 つの勢力であるが，ウィーレン＝ハンガー（Wheelen and Hunger 2000）は，第 6 の勢力としてその他の利害関係者（政府，地域社会，および事業環境など）が及ぼす力を付け加えている。

　図表 2 － 2 において，強い勢力の存在は企業の利益を減少させるので脅威とみなすことができる。これに対して勢力が弱ければ企業の利益が増える可能性があるので機会とみることができる。短期的にはこれらの勢力は企業活動に対する制約として作用する。しかし長期的には，企業は戦略の選択を通じて 1 つまたはそれ以上の勢力の強さを自社に有利なように変えることの可能性はある。

　戦略立案者は競争勢力の力を，たとえば，強・中・弱や 5 段階評価に格付けすることによって，数値化・客観化した産業分析をすることができる。

図表 2 － 2　産業内での 5 つの競争勢力

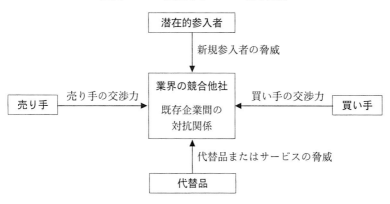

出所：Porter [1980].

（1）新規参入者の脅威

　当該の産業への新規参入者は，新たな能力やマーケット・シェアを確保しよ

うとする欲求，それにかなりの経営資源を産業に持ち込むので既存企業への脅威となる。参入の脅威は，「参入障壁」の存在と既存の競争者から出てくる反発（反撃）によって左右される。参入障壁は，企業が産業に参入することを難しくする障害である。たとえば米国の自動車産業では1930年代以降，自動車会社が設立されて成功を納めたことはないが，これは生産施設の建設とディーラー流通網の展開に巨額の資本が必要だからである。参入障壁となり得るものをいくつか列記する。

① 規模の経済

たとえば，マイクロプロセッサの生産と販売における「規模の経済（economy of scale）は，新たなライバルに比べて際立ったコスト優位性を既存の企業に与えている。

② 製品の差別化

特徴的な製品を生産している企業は，高水準の広告や販売促進を通じて高い参入障壁を作り上げている。

③ 資本の必要性

民間用大型航空機の製造施設に対する巨額な金融資源投入の必要性は，ボーイング（Boeing）社とエアバス（Airbus）社にとって際立った競争者への参入障壁となっている。

④ 切り替え費用

エクセルまたはワードのようなソフトウエア・プログラムがいちど事務所に定着してしまうと，経営管理者は高額の訓練費用がかかるので新しいプログラムへの切り替えにはまったく乗り気ではない。

⑤ 流通チャネルへのアクセス

新製品を出してもスーパーマーケットの陳列棚のスペースを確保するのに苦労するベンチャービジネスが多い。それは大規模小売店にとって顧客需要を盛り上げるのに必要な広告費を支出できる既存企業を優先するからである。

⑥ デファクト・スタンダード

いったん新製品がその種類の製品の標準（デファクト・スタンダード）として

認められるに足る市場シェアを確保してしまうと，そのメーカーは重要な優位
性を得ることになる。一方，少数しか普及していない独自規格をもつ企業は，
コスト上の不利をこうむる。マイクロソフト（Microsoft）社はIBMタイプの
パソコン用のオペレーティング・システムとして最初に広く使用されたシステ
ム（MS-DOS）の開発によって，潜在的競争者に対して際だった競争優位を獲
得した。さらにWindowsの発売はその優位性を強固なものとし，マイクロソ
フト社のオペレーティング・システムは今や世界のパソコンの90%以上に搭載
されている。かつては，VTR における VHS 方式と β方式，そして，DVD の新
規格における競争の例もある。

　⑦　政府の政策

　政府は資源の利用を制限するため，認可条件を定めることによって業界への
参入を制限することができる。

（2）既存企業間の対抗関係（ライバル）

　ほとんどの産業では，企業は相互に強い影響を及ぼす関係にある。ある企業
による動きは，競合他社に顕著な競争上の影響を与える可能性があり，したがっ
て報復または逆襲を招くことがあり得る。たとえば，デル（Dell）やゲートウェ
イ（Gateway）が，以前はIBM，アップル（Apple），コンパック（Compaq）が
牛耳っていたPC業界に参入したことによって競争状態が激化し，値下げまた
は新機種の発売はたちまち他のPCメーカーが同様の動きによって追随するま
でになった。さらに，その後の企業再編が起きている。米国航空業界の運賃に
関する動きもこれと同様である。ポーターによれば，産業内の激烈な対抗関係
には下記の①から⑦に示すような要因が存在する。

　①　競合者数

　米国の自動車や大型家電製品業界のように競合者が少なく，その規模もほぼ
同じである場合，お互いに他社を注意深く見守り，他社のどのような動きに対
しても同等の対抗措置が取れるように態勢を整えている。

② 業界の成長率

乗客数が減少すると航空業界では低価格競争が始まりがちであるが，これは競合他社から乗客を奪うには有効だからである。

③ 製品またはサービスの性格

DVDのレンタルショップを立地，品揃え，価格で選ぶ人が多い。これは人がDVDをコモディティ（日用品），つまり誰が売るかに関係なく，特性が同じ品物とみているからである。

④ 固定費の多寡

航空会社は1便ごとの乗客数に関係なく，時刻表に沿って飛行機を運行させなければならない（固定費が高い）ので，空席がある場合には格安の料金に応じる。

⑤ 能　　力

製品品質の差が大きくない紙業界では企業の能力増強の唯一の手段が新工場建設による大幅な生産増である。極力製造単価を下げるために新工場をフル稼動させるだろう。この結果，大量の製品の出現によって供給過剰となり，業界全体で販売価格が下がる。

⑥ 撤退障壁

撤退障壁は企業が業界から撤退することを妨げる。たとえば醸造業界では自主廃業をする企業の比率が少ないが，これは醸造業が酒造以外にはほとんど使い道のない特殊な資産の所有者だからである。

⑦ ライバルの多様さ

競争の仕方について非常に異なった考えをもつライバル同士がぶつかって，気が付かないうちに他社の立場を脅かすことがある。

（3）代替品またはサービスの脅威

代替品とは，異なるように見えても他の製品と同じ機能や目的を満たす製品（もしくはサービス）である。

代替可能性のある製品またはサービスを見つけるのは，時として困難な作業

である。それは異なった外見をもち，容易に代替が務まりそうに見えないが，同じ機能を果たすことができる製品（または，サービス）を探すということである。

　紅茶はコーヒーの代替品と考えて差し支えない。もしコーヒー価格が高騰すれば，コーヒーを飲む人は紅茶に置き換えを始める。このようにして，紅茶の価格はコーヒー価格の上限を定める。「代替品は，業界内の企業が利益を得て販売できる価格の上限を設定することによって，その業界の収益の可能性を限定する」とポーターは述べている。代替品は切替費用が低いほど業界に大きな影響を与える可能性がある。紅茶とコーヒーについては，消費者の切替費用は低い。

（4）買い手の交渉力

　買い手は価格を下げさせたり，品質の高級化または，サービスの充実を交渉したり，競合者を互いに競わせたりする能力（交渉力）をもっており，産業内に影響を及ぼす。次のような要因が有効である場合，買い手または買い手のグループは強力である。

①　買い手が売り手の製品（または，サービス）の大部分を購入する：
　　たとえば大手自動車メーカーによるオイル・フィルターの購買など。

②　買い手は製品を自分で生産することによって後方統合を行う潜在的能力をもっている：
　　たとえば新聞社は自身で製紙業に参入を行うことが可能である。

③　製品が標準品（または差別化されていない）なので，代替品の供給業者が多数いる：
　　たとえばドライバーは多数のガソリン・スタンドのなかから選択できる。

④　供給業者を変更する切換費用が非常に少額である：
　　たとえば事務用品の売り手を変えても不便はない。

⑤　買い手のコストのうち購入価格が非常に高い比率を占めるので，あちこち安い価格を求めて探しまわるのには十分な動機がある：

　たとえばガソリン・スタンドで再販するガソリンは，その多くが仕入れコストである。

⑥　買い手の利益がわずかなので，コストやサービスの相違に非常に敏感である：

　　たとえば食品雑貨店の利益率は非常に低い。

⑦　購買製品は買い手の製品またはサービスの最終的な品質または価格にとってそれほど重要ではないので，最終製品に悪い影響を与えることなしに容易に切替できる：

　　たとえば照明器具用に買う電線。

（5）売り手の交渉力

　売り手（供給業者）はその製品の価格を上げたり，あるいはサービスの質を落としたりする能力によって業界に影響を及ぼすことができる。もし，次の要因があてはまれば，売り手または売り手のグループは強力である。

①　売り手の業界は少数の企業によって支配されており，多くの買い手に販売している（たとえば，石油業界）。

②　その製品またはサービスは独自性があり，そして（または）切り替え費用を高価なものにしている（たとえば，ワープロ用ソフトウエア）。

③　代替品の入手が容易ではない（たとえば，電気）。

④　売り手は前方統合を行って，現在の顧客と直接に競争できる（たとえば，インテルのようなマイクロプロセッサのメーカーはPCを製造できる）。

⑤　買い手は売り手グループの商品またはサービスのごくわずかな部分しか購買していないので売り手にとって重要ではない（タイヤ業界にとって芝刈り機用タイヤは自動車用タイヤの販売に比べて重要性は少ない）。

（6）その他の利害関係者の相対力

　ウィーレン＝ハンガーは，ポーターの5項目のほかに，第6の勢力として事業環境のなかのさまざまな利害関係者のグループを加えている。このグループ

には，政府，地域社会，債権者（供給業者に含まれる場合を除く），同業組合，特別の利害関係団体，労働組合，株主，補完的パートナーなどが含まれる。

2.4.2　ポーターの価値連鎖

　ポーター（Porter 1980）によって展開された価値連鎖という概念は以下のような考え方を基礎にしている。すなわち企業は，その産みだした価値がその原価を上回った場合にのみ長期的に存続していくことができる。企業が創造した価値は，「顧客が一定の問題解決（生産物やサービスによってえられる満足）のために支払った価格で測定される」というものである。

　企業の活動は戦略的に意味のある職能領域における活動を「価値創造活動」という。企業は価値を創造する活動のなかで，競争上の優位を獲得するためにできるだけコストを引き下げるか，製品差別化をはかるかとか，さらに大きな顧客の満足を引き出すようにしなければならない。

　企業（もしくは，戦略的事業単位：SBU）の系統的な調査を行うために，ポーターは新しい診断用具を開発した。それがいわゆる「価値連鎖」の概念である。

　価値連鎖とは，企業活動の中で価値を増大させていく諸活動の１つないしは連鎖とみることをいう。この価値創造連鎖のコストと市場価値で測定される顧客の効用の差額こそが企業の目的とする利益マージンにほかならない。

　企業の付加価値連鎖は，標準的な原価要素計算上の分類にも一致しないし，また通常に行われている経営の職能領域の分類でもない。付加価値連鎖という分析を行う目的は，競争と顧客を中心とした経営分析を行うことになる。すなわちすべての経営活動を顧客のニーズの充足という観点から考察することになる。したがってこの分析は競争相手に対して競争上の優位を獲得するために用いられる。

　企業における価値創造活動は，基本的には主要活動と補助的活動との２つに分けられる。

図表 2 - 3　ポーターによる企業の価値連鎖

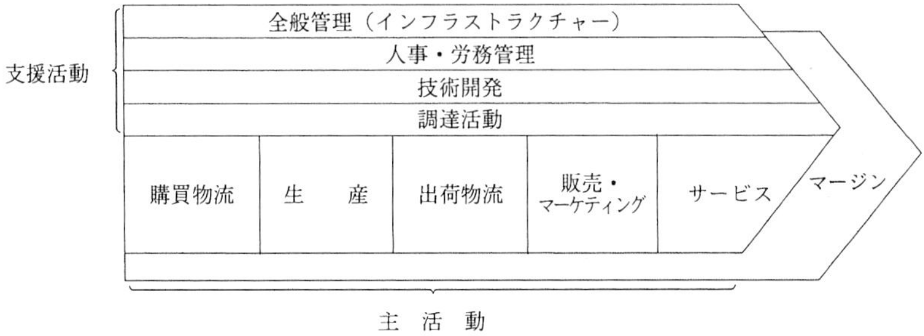

出所：Porter ［1980］.

主要活動としては次のような 5 つの基本的な要素がある。

①　調達ないし購買の物流（ロジスティックス）

②　生産

③　出荷の物流（ロジスティックス）

④　マーケティング／販売

⑤　顧客サービス

補助活動としては次の 4 つの要素である。

①　調達活動

②　技術開発

③　人事・労務管理

④　企業のインフラストラクチュア（下部構造＝全般管理）

2.5　戦略的経営論とその後

2.5.1　戦略的経営論

　1970年後半以降における戦略研究のもう 1 つの潮流は，戦略を組織の脈絡（コンテクスト）のなかで位置づけようとする研究である。これは，戦略的経営（strategic management）論，あるいは，経営戦略のプロセス論と呼ばれる。

　チャンドラーの研究は，戦略が組織構造を規定するということを明らかにす

るものであった。そして，アンソフの研究では，トップ・マネジメントによる戦略の策定に重点が置かれ，組織としてそれを執行するという点については関心が払われていなかった。しかし，このような見解に対して，以下のような疑問が投げかけられるようになった。

① 戦略と組織の関係は，戦略が一方的に組織を規定するものではなく，組織が戦略を規定する側面が存在する。

② 戦略の問題の範囲は，その戦略策定にとどまるものではなく，策定された戦略を組織としていかにうまく執行するかという課題を含む。

③ 戦略の形成は，トップ・マネジメントの意思決定だけによる計画的なプロセスであるとは限らない。

これらの疑問は，「組織は戦略に従う」とするチャンドラーの命題に対して，「戦略は組織に従う」というアンチテーゼを提起するものであり（ルーメルトなど），また，トップ・マネジメントによる戦略の策定に重点を置いていたために，その組織的な形成や執行といった観点が欠如していたアンソフの研究の限界を指摘するものでもある。

ミンツバーグ＝ウォーターズ（Mintzberg and Waters 1985）は，企業内において実現される戦略が，必ずしもトップ・マネジメントによって計画的に意図されたものであるとは限らないという観点から，戦略形成のプロセスを表している。

ミンツバーグ＝ウォーターズによれば，企業内において実際に執行される戦略には，①計画的な側面と，②偶発的な側面が存在する。計画的側面というのは，トップ・マネジメントをはじめとしたある特定の人達が策定した戦略を予定どおりに執行しようとするプロセスを意味する。一方，偶発的側面というのは，特定の人達以外が何らかの形で戦略の形成に影響を及ぼすプロセスを意味する。ただし，これら2つの側面の存在は，戦略がどちらか一方の性格しかもちえないということを意味するのではない。すなわち，企業内において実際に遂行される戦略には，計画的側面も存在すれば偶発的側面も存在するものであり，どちらの性格が強くなるかは，当該企業のマネジメントのあり方によって

異なってくるのである。

　バーゲルマン（Burgelman 1984）は，トップ・マネジメントによって策定された戦略が，上意下達的に組織構造や従業員の行動に影響を与えるプロセスが存在する一方で，従業員による自発的な戦略行動があることを指摘している。

2.5.2　その後の戦略論

　チャンドラーやアンソフの後の戦略論の分野でその名を知られるようになった，ホッファー＝シェンデル（Hofer, C. W. and Shendel, D. E. 1978）は，戦略的経営を「組織体の企業家的な活動，組織体の革新と成長，より具体的には組織体の諸活動を導くべき戦略の開発と実行にかかわるプロセス」と定義した。経営戦略の策定についてホッファー＝シェンデルは，経営戦略の策定手順を次の7つのステップに分類した。

① 戦略の識別：経営戦略の構成要素の評価など。
② 環境分析：事業環境の変化に対する機会と脅威の認識など。
③ 資源分析：利用可能な経営資源の評価など。
④ ギャップ分析：機会と脅威を踏まえた現状とあるべき姿とのギャップ分析など。
⑤ 戦略代替案：新たな複数の戦略代替案の策定など。
⑥ 戦略評価：環境分析，資源分析を踏まえた複数の戦略代替案の評価など。
⑦ 戦略選択：戦略案の選択など。

　最近の傾向としては戦略の種類として社会戦略が新しく加わりつつあることに注意すべきである。そこで結論的には4つのレベルの戦略を区別するのがよいであろう。すなわち社会的戦略，全社戦略，事業戦略，職能レベル戦略の4つのレベルがそれである。

2.5.3　最近の経営戦略研究

　戦略的経営という考え方が登場して以降，戦略の策定や執行に影響を与える

組織要因に関する研究が盛んに行われているが，そのなかで，近年，経営資源に焦点を当てた研究が注目を浴びている。このような一連の研究は，経営資源に基づく観点（RBV：resource based view）と呼ばれているが，その共通点は，優れた経営資源が存在してこそ実際に効果的な戦略の展開が可能になるという考え方の下で，持続的な競争優位を確立しうる経営資源をいかに獲得，蓄積そして活用するかという問題に焦点を当てていることである。

　ハメル＝プラハッド（Hamel and Prahalad 1994）によって競争優位性を確保するために必要なコア・コンピタンス（core competance）論が展開されたり，バーニー（Barney 1997）のケイパビリティ（capability）に関する研究などがある。

　バーニーによれば，持続的な競争優位を継続できるか否は，当該企業における経営資源としてのケイパビリティに依存する。ケイパビリティとは，自社独自の能力という意味であるが，たとえば，当該企業が経験を通じて培った利害関係者との密接かつ良好な関係などを指す。すなわち，供給者との密接なパートナーシップ，顧客が当該企業に対して抱くロイヤリティ，従業員が共有する価値観としての組織文化などである。ケイパビリティが以下の特徴を有するとき，それは持続的な競争優位を確立する源泉となる。

① 　環境の脅威や機会への対応を可能にするという意味での価値を有する。
② 　競合企業が保有していないという意味での希少性を有する。
③ 　獲得するのにコストがかかるという意味での模倣困難性を有する。
④ 　ケイパビリティをフルに引き出す組織の仕組みが存在する。

　このように，経営資源に基づく視点とは，どのような戦略を策定するかというよりも，独自の戦略展開を可能にする経営資源に重点を置く立場をとる。

　ここまで述べてきたことから明らかであるとおり，経営戦略に関わる研究は，戦略に影響を与えるさまざまな原因をその対象として包含すると同時に，戦略を一連のプロセスとして体系化する方向に発展を遂げている。

2.6　ま　と　め

　戦略経営の基本となる戦略理論は，チャンドラー，アンソフ，ポーターなど

42……◎

が代表的である。その後，企業組織内における競争力の研究にシフトしてきている。なお，プロダクト・ポートフォリオなどの実践的な手法は，企業がコンサルティング会社と協力して開発したものが多く，次章で紹介する。

【注】

1）アメリカにおける経営政策から戦略への変化については，ホッファー＝シェンデル[1979]による。

【参考文献】

Ansoff, H. I., *Corporate Strategy*, McGraw Hill, 1965. （広田寿亮訳『企業戦略論』産業能率大学出版部，1969年）

Barney,J.B. Gaining Sustainable Competitive Advantage, MA:Addison-Wesley, 1997.

Burgelman, R.A., Designs for Corporate Entrepreneurship in Established Firms, *California Management Review*, Vol.26, No.3, 1984.

Chandlar, A. D., "*Strategy and Structure*," Cambridge, Mass.：M. I. T. Press, 1962. （『経営戦略と経営組織』三菱経済研究所訳　実業之日本社，1967年）

Hamel, G. and Praharad, C.K., Competing for the future, Harvard Business School Press, 1994. （一條和生訳『コア・コンピタンス経営』日本経済新聞社，1996年）

Mintzberg, H. and Waters, J. A., Of Strategies, Deliberate and Emergent, *Strategic Management Journal*, Vol.6, 1985.

Porter, M.E., *Competitive Strategy*, The Free Press, 1980. （土岐他訳『競争の戦略』ダイヤモンド社，1985年）

Rumelt, R.P., Strategy, Structure and Economic performance, Harvard University Press, 1974. （鳥羽欽一郎・山田正喜子・川辺信雄・熊沢孝訳『多角化戦略と経済成果』東洋経済新報社，1977年）

Schendel, D. E., and Hofer C. W., Eds., *Strategic Management*, Little Brown and Co., Boston, 1979.

Stopford, James M. and Lous T. Wells, *Managing the Multinational Enterprise*: *organization of the Firm and Ownership of the Subsidiaries*, NY*Basic Books, 1972.

Wheelen T.L. and Hunger J D, *Strategic management and Business Policy*, Prentice Hall, 2000, pp.20-21.

第3章 実践的手法

戦略経営における経営理論の研究とは別に，コンサルティング会社や企業の実務家によって見出された経験則や知見，そして手法が多くあり，現在も実際の企業において実践的な手法として活用されている。

まず，技術革新の考え方は，シュンペータ（Schumpeter 1926）によるところが大きいが，コンサルティング会社による調査がそれを明確なものにしている。

次に，生産性とコストの関係については，ミクロ経済学における価格についての知見である「規模の経済」の概念や，コンサルティング会社の調査から明らかになった経験曲線（experience curve）の概念が，企業において活用されている。

そして，プロダクト・ライフ・サイクルの概念や，経験曲線の概念をもとにして，プロダクト・ポートフォリオによる各商品や事業の位置づけをどうするかという考え方は，多くの企業の戦略経営において活用がされている。

一方，事業環境を把握するときに使われる手法に SWOT（スウォット）分析があり，戦略の立案時によく使われる手法として，TOWS（トウス）マトリックスがある。

その他の手法として，ブレインストーミングやシナリオ分析が，多くの企業で活用されている。

本章では，これら実践的手法を紹介するとともに，戦略策定時における各手法の特徴を議論する。

3.1 生産とコスト特性

生産量とコスト低減の関係は，生産方式によって大きく特徴が異なる。さらに，①規模の経済，②経験曲線，③習熟曲線の概念が知られている。なお，これらの概念は，生産のみならず販売などの分野でも応用されている。

3.1.1 生産方式とコスト

生産方法は，①連続的，②断続的とに分かれるが，生産コストの特性に大きく影響する。

連続的システムは，製品を連続的に，組立や加工する方式である。設備面では，連続生産を可能とする自動化プロセスや精緻な製造機械などの固定設備に大きな投資がされる。労働力は比較的少人数だが技能をもち，出来高賃金ではなく固定給を支給されることが多い。連続的システムでは固定費がかなり高く，損益分岐点も高くなるが，変動費の傾き（上昇の度合い）は緩やかである。

断続的システムでは，断続的に加工や組立がされるが，組立や加工の作業内容は個々の過程で異なる。労働集約的であり，自動化機械があまり使用されない。作業に伴う加工の詳細や割り当て時間を決めることができる。製品に関連するコストの多くは人件費などの変動費なので，従業員には出来高制賃金が支払われることもある。固定費用が少なく，損益分岐点は低く，変動費は高いがその傾きは急である。

断続システムが優位となるのは，損益分岐点が低いので生産量が低くても利益が出せることである。しかし売上が損益分岐に達すると，コスト総額に占める変動費の比率が高いので，単位当たりの利益は比較的低い。この断続的システムでは，少量の製品の製造・販売でもやっていけるニッチ市場の商品に適している。まったく新しい製品で市場の需要がまだ小さい時期にも適している。

連続的システムは，次の項で紹介する規模の経済性の利益を享受するシステムである。大量の商品を製造・販売できる大きな需要の見込める市場がある場合に適する。不況期には巨額の損失を被るおそれがある。景気の下降期には稼

働率が低く，断続的システムのほうが無難に生き残れる可能性が大きい。これは販売の低下は主として変動費に影響するからである。専門工場や機械を売却するよりは，労働者を解雇するほうが容易なことが多い

3.1.2　規模の経済，経験曲線，習熟曲線

（1）規模の経済

　規模の経済（economy of scale）は，生産量を増すに従い，平均費用が低くなることである。一般に，変動費用（原材料費など）は平均費用が一定となるため，生産規模にかかわらず費用は不変である。一方，固定費（設備，機会，労働力など）については，生産量が増えても固定的であり，平均費用は低くなるため，規模の経済が成立することが知られている。和製英語のスケールメリットは，規模の経済のことを意味している。

　規模の経済が成立すれば，市場が成長する限り，生産規模を拡大することが合理的な企業行動といえる。高度成長期の鉄鋼，石油化学などの装置型産業はその典型であった。

（2）経験曲線

　経験曲線（experience curve）は生産量に依存して変動する単位費用に注目した概念であり，企業経営において経験によりコストが下がるという経験則を計量的に測定したものである。多数の業種に関する長年の観察結果から1966年にボストン・コンサルティング・グループ（BCG：Boston Consulting Group）社によって見い出された。

　ここで経験とは累積生産量のことであり，「製品の累積生産量が2倍になると，単位当たりコストは20〜30％低減する」という経験則である。なお，累積生産量が倍増することによって得られるコスト低減の効果のことを「経験曲線効果」という。

　経験曲線によるコスト低減効果は多くの要因によって決まる。経験曲線効果を知ることによって原価節減，価格設定，部品や半製品の納入単価の節減限度

などを知ることができる。多くの業種の研究によると，エレクトロニクス，化学，そしてサービス産業においては経験曲線の現象が適合することが見出されている。

経験曲線によるコスト低減は，①製造方法の改善，②投入資源の改善，③標準化などが原因として考えられる。

（3）習熟曲線

経験曲線と似た概念に習熟曲線（learning curve）がある。作業者が一定の仕事を繰り返し反復して行うにつれて能率が上昇することをいう。たとえば，作業時間の短縮，ロス低減による原材料の歩留まり向上などがあげられる。これを分析のなかに取り入れたのはアローである。彼は生産上の経験と新技術の習熟との関連を示す習熟曲線が労働生産性の向上や投資に大きな影響を与えることを見いだした。

3.2　プロダクト・ライフ・サイクル

生物は，誕生から成長，成熟，衰退へといたるが，それと同じように製品にもライフ・サイクル（寿命）があると考えられる。製品は時間の経過とともにある種の発展過程を示しサイクルをなして変化する。ライフ・サイクルの概念は製品だけでなく，産業にもいえ，さらに生産技術や生産方法にも適用でき，これらが時間的に有限であることを知ることができる。

プロダクト・ライフ・サイクルは，①開発期，②導入期，③成長期，④成熟期，⑤衰退期の5つに区別される。

① 開 発 期

新しい機能を創出し既存の製品を抜本的に改良するなど，新たに製品を開発する段階である。この段階では開発コストが発生するので多額の資金が必要になる。この開発期を短縮し，確実に新製品を市場に導入できるかどうかが企業成長の決め手になる。

図表 3 － 1　プロダクト・ライフ・サイクル

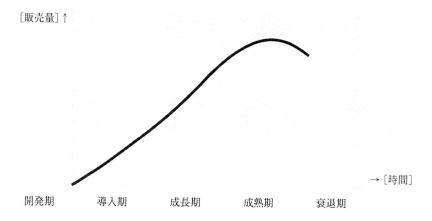

［販売量］↑

→［時間］

開発期　　　　導入期　　　　成長期　　　　成熟期　　　　衰退期

② 導 入 期

　開発された製品が市場に導入され，その価値や効用が消費者（顧客）に認知
されはじめる段階である。買い手の購入頻度，需要，製品の新規性，デザイン
の変更頻度などが売上への影響要因となる。この段階では，市場規模はまだ小
さく，導入のためのコスト（生産設備への投資，広告宣伝費など）が発生するので，
売上も利益も多くは期待できない。

③ 成 長 期

　製品が市場に浸透し，需要が急速に伸びる段階である。この段階では，売上
は伸びるがシェア（市場占有率）を拡大するための競争が激化し，追加の資金
を必要とするため利益はさほど多くない。また，成長期の後期には，競争力の
低い競合者を振り落とすような価格設定や流通競争のためによく競争動乱期
（competitive turbulence）と呼ばれることがある。競争力の劣る企業が淘汰され
る。

④ 成 熟 期

　製品が市場に広く普及し，市場占有率が次第に低下する段階のことである。
市場細分化の程度，買い手の需要，購入頻度，製品仕様の変更の頻度，製品差

別化の程度，輸送・配送コストなどが売上への影響要因となる。この段階では，市場の細部化が進み，各企業のシェア（市場占有率）が固定する傾向が強い。そのために安定的な売上，そして利益が見込まれる。

⑤ 衰 退 期

市場は飽和状態になり，需要は減退し，売上や利益も次第に減少する段階である。顧客の愛着心，価格弾力性，製品差別化，市場占有度，品質などが売上への影響要因となる。撤退する企業がみられるものの，他方では，新たな資金需要を必要としないので，利益面で好転する企業もある。

3.3 技術革新

（1）イノベーション

シュンペータ（Schumpeter 1926）のイノベーション（innovation）の考え方は，日本では技術面だけが理解されているが，流通システムといった分野でも起きる。むしろイノベーションは革新の概念とみた方が良い。ミクロ経済学の価格についての知見が企業のコストに関する手法として応用されている。

（2）技術の不連続性

技術革新において，ある技術から別の技術への置換（技術の不連続性）は，頻出する重要な現象である[1]。このような不連続性は，ある新技術は現在の技術を強化するためには使えないが，その技術に取って代わることによってより良い結果を生むことができるという時に発生する。一定の分野または産業における個々の技術について，その製品性能と研究努力・研究支出との関連をグラフ上に描いてみるとS字状の曲線に表される（図表3－2参照）。

たとえば，情報技術は，現在，このS字曲線の急勾配の上昇スロープ上にあり，研究開発努力の増分が比較的少なくても性能上の著しい改善をもたらしている。これはマイクロチップ（マイクロプロセッサ）の集積度は18カ月ごとに倍増するというムーアの法則（Moore's Law）の1例である[2]。

図表3－2　技術の不連続性

S字曲線が表すこと

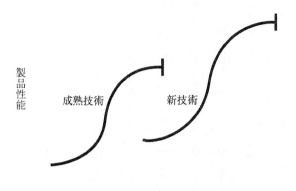

企業が計画を作成するプロセスでは，一般的に技術は漸進的に進展するものと想定されている。しかし，ある技術が過去に発展を遂げたので，将来もそれが発展するだろうと推定することはできない。なぜなら技術には限界があるからである。

競争力の鍵となるのは，より可能性をもった技術にいつ資源を切り換え投入するかの決定である。さらに，1つの技術がS字曲線の終点に近づくにつれて，一般的に市場における競争力のリーダーシップの担い手が替わる。たとえば，電子回路は真空管，ダイオード，半導体，集積回路（IC）と変遷し，音楽ソフトの記憶媒体は，古くはエジソンが発明した蝋管から円盤に，そして磁気テープ，CDやMD，さらに小型ハードディスクと変遷を遂げている。

これは，技術という点でのみではなく，イノベーションが意味する他の項目（新しい流通方式など）にもいえると考えられる。

3.4　プロダクト・ポートフォリオ・マネジメント（PPM）

1970年代になると，いかに多角化するかという課題から，多角化した複数の

事業を抱えることになった企業が各事業に対して経営資源をいかに効率よく配分するかということに関心が移ったことは，第2章で述べたとおりである。この課題を解決しようと開発されたのがプロダクト・ポートフォリオ・マネジメント（product portfolio management：PPM）である。ポートフォリオとは企業全体の見地からできるだけ有利な投資の組み合わせをもつことである。財務のポートフォリオと異なり，戦略的ポートフォリオにおいては計画の単位は商品事業部にある。ここでは，ボストン・コンサルティング・グループ（BCG）社とマッキンゼー社による2つのPPM概念を議論する。

　ボストン・コンサルティング・グループ（BCG：Boston Consulting Group）社が開発したのは「市場成長率—市場占有率」によるポートフォリオで典型的なアプローチである。分析基準として市場成長率と相対的市場占有率が選ばれ，キャッシュ・フローに対して与える影響を整理して GE 社によって実施された。

　その後に，マッキンゼー・アンド・カンパニー（McKinsey and Company）が開発した「市場魅力—競争上の優位」によるポートフォリオは，同じく GE 社によって実施された。

　PPMは，効率的な資源配分を実現するために開発され戦略的な示唆を提供できるので，現在でも多くの企業で活用されており，その後に開発された多くの手法に対して，嚆矢として大きな影響を与えることになった。

3.4.1　BCGマトリックス
（1）市場成長率と市場占有率

　ボストン・コンサルティング・グループ（BCG：Boston Consulting Group）社の成長・シェアによるPPMは，市場占有率の高・低，そして市場成長率の高・低から4つの枠を設け，そのなかに企業の事業を位置づける。各枠には，そこに位置づけられる事業の特徴を表す以下のような名称がつけられている。

　問題児（question mark）：低い市場占有率／高い市場成長率
　花　形（star）：高い市場占有率／高い市場成長率

金の成る木（cash cow）：高い市場占有率／低い市場成長率

負け犬（dog）：低い市場占有率／低い市場成長率

図表3－3　BCGマトリックス

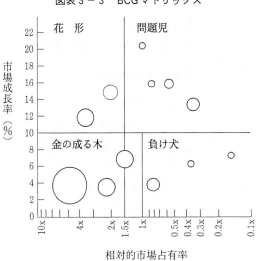

相対的市場占有率

　市場占有率と市場成長率を尺度として用いる理由は，それらの高低が資金の流出入に関係するからである。競合他社に比べて，市場占有率が相対的に高い場合には資金の流入が大きくなるが，市場成長率が低ければ資金の流入は小さくなる。一方，市場成長率が高い場合には，設備投資やマーケティング投資が必要となるので資金の流出が大きくなり，逆に市場成長率が低ければ資金の流出は小さくなる。

　したがって，問題児に位置づけられる事業は，資金の流入が小さく，流出が大きい。花形に位置づけられる事業は，資金の流入が大きいが流出も大きい。金の成る木に位置づけられる事業は，資金の流入が大きく，流出が小さい。負け犬に位置づけられる企業は，資金の流入が小さいが流出も小さいということになる。

52……◎

　以上のことから，金の成る木に位置づけられる事業が生み出した資金を，市場成長率が高いため多額の投資を必要とする花形事業や問題児事業に振り向けるといった資源配分が示唆される。

（2）図示の方法
　図表3－3に示すように，企業のポートフォリオの位置づけを明示するのに，最も簡単な方法であり，図示の手順を次に示す。
　　手順1：企業の製品（もしくは，事業部門）の各々について，それが属する業界の市場成長率およびその企業の相対的市場占有率の両方を座標で示す。相対的市場占有率は，その企業の市場占有率を業界での市場占有率が一番である競合他社の値で割って求める。相対的市場占有率が1.0以上であれば，マーケット・リーダーであることを意味する。市場成長率は，特定の事業部門に属する製品販売の増加率をパーセントで表示したものである。もし他の条件が等しければ成長する市場がより魅力的であると想定する。
　　手順2：相対的競争市場占有率の高・低を分けるのは1.5のところとする。製品または，事業部門が「花形」または「金の成る木」と呼ばれるにはこの程度の大きさの市場占有率をもたなければならない。一方，相対的競争ポジションが1.0以下の製品または事業部門は「負け犬」の地位にある。
　　手順3：各製品または部門は図表3－3に円で表されている。円の大きさは売上金額（または，投入した資産に基づく各製品ラインまたは事業部門の企業における相対的重要性）を示したものである。

（3）4つの枠の意味
① 問題児（低シェア，高成長）
　資金流入量が少ないが，市場成長率が高いため将来は花形になる可能性を秘めている。市場占有率（シェア）を維持し拡大するためには多くの投資を必要

とする。問題児は成功の可能性がある新製品であるが，その開発のためには多額の資金が必要となる。このような製品がマーケット・リーダーとなるに十分なシェアを稼いで花形と呼ばれるようになるには，他の成熟製品から生み出される利益を資金として問題児に投入する。もしその資金投入をしなければシェアを失うおそれがある。

② 花形（高シェア，高成長）

資金流入量は多いが，市場成長率が高いためシェア維持をはかるのに継続的な投資を必要として使うので，ほかの分野の資金源とはならない。

花形は一般的に製品ライフ・サイクルの成長期にあるプライス・リーダーで，資金流入量も多く，その高い市場占有率（シェア）を維持するのに十分な利益を得ている。市場の成長率が低下すると花形が金の成る木に変わるので，将来の資金源となる可能性がある。

③ 金の成る木（高シェア，低成長）

マーケット・シェアを維持するのに十分すぎるほどの資金流入がある。プロダクト・ライフ・サイクルの上では衰退期にあるが，こうした製品は新たな製品（問題児）に投資する資金の源泉となる。

④ 負け犬（低シェア，低成長）

負け犬はマーケット・シェアが低く，資金流入も少ない魅力のない市場である。しかも景気変動などの外部要因によって収益性が左右されやすい。また，市場成長率が低いため，投資などの資金流出は少ないのでそれ自身を維持することは可能であるが，ほかのところへの資金源になる可能性はない。

成長率はいつか必ず低下するが，それまでに支配的なシェアを得ることのできない企業の場合は，花形になれないままに問題児は負け犬になる。BCGマトリックスに従えば，負け犬は売却するか，あるいは流入金を勘案して慎重に撤退時期を考慮することになる。というのは，他社が撤退してしまい，残された需要を数社で安定して享受できる場合もあるからである。

（4）活用方法

　こういった説明の前提には，BCGが発見した経験曲線がある。累積生産量を可能にする前提として，市場占有率を想定している。高い市場占有率を握る企業は，規模の経済を享受するコスト・リーダーシップのポジションを保有していることが多い。経験曲線が示唆するように累積生産により製造コストが逓減することを想定しておけば，新製品を安価に販売し，早い時期にマーケットのシェア・リーダーの立場を獲得できるにちがいない。いったん花形になれば，やがて成熟して金の成る木になることは避けられないとしても，それまでに大きな利益を期待できる。

　製品または，事業部門をマトリックス上に描いておけば，戦略に変更がないという前提条件で企業はその将来のポジションを予測することができる。現在および予測される状況を，マトリックスを利用すれば組織が直面する重要な問題を発見するのに役立つ。企業の目標は，利益を自分の手で十分に獲得することができ，成熟した製品からの利益を成長の可能性の大きい新製品の資金に充当するというバランスの取れたポートフォリオを維持することである。

　BCGマトリックスは，際立った「利点」をもつ非常によく知られた概念である。これは数値化されていて，使い方が容易である。問題児，金の成る木，花形，負け犬という言葉は企業の事業部門または製品を表す上で覚えやすい表現である。

　さらに，土屋（1984）は次のような指摘をしている。

① 　自社の現状における製品構成を，これによって分析することができる。

② 　競合他社のマトリックスを，それぞれ時系列的に描いてみると，自社とライバルとの間の相対的な強み，位置関係などについて，理解できるようになり，将来の競争関係の展望をもつことができる。

③ 　多角化しようとして新しい事業を選択するとき，負け犬に相当する産業に参入することがあるが，それを避けるための１つの指標を与えてくれている。

しかしBCGマトリックスには，次のような限界がある。

① 高・低を使った4つの分類では単純化しすぎである。

② 市場占有率と収益性の関連性は疑問である。市場占有率の低い事業でも収益性が高いことがある。

③ 成長率は業界の魅力の1つの局面にすぎない。

④ 製品ラインまたは事業部門がマーケット・リーダーであるという単一の競合他社との関連でしか捉えられていない。急速にマーケット・シェアを伸ばしている小企業を無視している。

⑤ 市場占有率は競争ポジション全体のなかで1つの側面にすぎない。

3.4.2　マッキンゼー・マトリックス
（1）業界の魅力と事業の強み・競争ポジション

　ゼネラル・エレクトリック（GE）社はコンサルティング会社のマッキンゼー・アンド・カンパニー（McKinsey and Company）の助けを借りて，さらに精緻なマトリックスを開発した。図表3－4に示すように，長期的な業界の魅力および事業の強み・競争ポジションに基づく9つの枠でできている。マッキンゼー・マトリックスは，BCGマトリックスにおける事業成長率と相対市場占有率よりも多くの要因を盛り込んでいる。マッキンゼー・マトリックスでは，業界の魅力のなかに多数の機会と脅威の可能性のなかから市場成長率，業界の収益性，規模，価格設定慣行が含まれている。事業の強みまたは，競争ポジションには多くの強みと弱みの可能性のなかから市場占有率のほかに技術ポジション，収益性，規模が含まれている。

　個々の製品ラインまたは，事業部門はマッキンゼー・マトリックス上にアルファベットで表され，円で描かれている。各円の大きさは業界の売上高に比例している。円内の扇形は各製品または事業部門の市場占有率を表している。

　このようなマトリックス上に戦略的事業単位を位置づけることによって，その都度の市場地位に対応した戦略を勧告することができる。たとえば投資戦略，成長戦略，選択的戦略，吸収戦略などの選択に役に立つ。

図表 3 - 4　マッキンゼー・マトリックス（GE社）

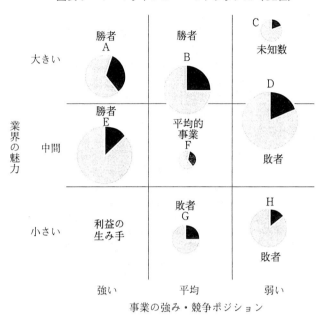

出所：Wheelen and Hunger ［2000］.

（2）図示の方法

　マッキンゼー・マトリックスに製品または事業部門を描くためには，次の4つの手順を踏む。

手順1：各製品または事業部門ごとに業界の格付け基準を選定する。各製品または事業部門の属する業界の全体的な魅力を1（非常に魅力に欠ける）から5（非常に魅力がある）までの基準で評価する。

手順2：各製品または事業部門で成功するために必要な重要な要因を選定する。各製品または事業部門の事業の強み・競争ポジションを1（非常に弱い）から5（非常に強い）までの基準で評価する。

手順3：各製品または事業部門の現在のポジションを図表3-4のようにマトリックス上に描く。

手順4：現在の企業戦略と事業戦略が変わらないという前提で，企業の将来像
　　　　を描く。予測と期待との間に業績の相違が認められるだろうか。もしそ
　　　　うであれば，それは企業の現在のミッション，目的，戦略，方針を真剣
　　　　に再検討すべきであるという警鐘である。

（3）活用方法

　9つの枠をもつマッキンゼー・マトリックスは，BCGマトリックスに比べ
れば進歩している。マッキンゼー・マトリックスはより多くの要因を考慮し，
単純な結論に達しないようにしている。たとえば，縦軸は，成長率だけでなく
て，業界の魅力とし，使用者がその置かれた状況に最も適切だと考える基準を
選定できるようになっている。

　しかし，このマッキンゼー・マトリックスにもいくつかの欠陥がある。

①　非常に複雑で扱いにくいものになる可能性がある。

②　業界の魅力と事業の強み・競争ポジションを数字で見積もることは一見
　　客観性があるようにみえるが，個々の人によって変わる主観的評価である。

③　成長途上の新製品または，事業部門のポジションを描くのが難しい。

3.5　状況分析：SWOT分析

　戦略の策定は戦略計画または長期計画の立案とも呼ばれるが，企業のミッショ
ンや目的，方針の開発と関連性が強い。状況分析は，外部の脅威と内部の弱さ，
外部の機会と内部の強さの間の戦略的適合性を見出すことから始まる。第1章
の図表1－6の戦略的意思決定のプロセスで示したように，これはSWOT分
析を用い，現状を踏まえて戦略要因を分析する段階である。SWOTは，特定
の企業における強み（strengths），弱み（weaknesses），機会（opportunities），
脅威（threats）を示す。SWOT分析によって得られるものは，企業が保有し，
優れた効果を発揮する特定の能力および資源，すなわち企業の卓越した能力の
発見だけではなく，適切な資源が無いために企業が活用できない機会の洗い出
しもできる。

戦略の策定では，機会の大きさを企業の能力と比較することが重要である。大きな事業機会があっても，企業がその機会を活用する能力（すなわち，経営資源）をもっていなければ実際には何の価値もない。一方，戦略の選択肢を検討する際に機会と強みだけしか考慮しないことも多い。重要な資源または，機能における卓越した能力だけでは競争優位を得る保証にはならない。他の資源分野での弱みが戦略の成功の妨げになるかもしれないからである。

SWOT分析による機会が多ければ多いほど，戦略の選択肢は多くなる。また，強みが多くて弱みが少ない場合，すなわち強みから弱みを差し引いたものが多いと，戦略の選択肢が多くなる。概念的には，戦略の選択肢の数（SA）は，機会を，強みから弱みを差し引いたもので割った値（SA＝O/(S−W)）として表現できる。このように，SWOT分析を行っただけでは，具体的な戦略は選択肢が多くて，見えてこない。たとえば，強みをさらに強化するための投資を行うべきか，それとも現在の弱みを少なくとも競争に耐える程度まで補強する投資を行うべきか，という課題を抱えることになるからである。

SWOT分析それ自体は万能ではなく，批判の主なものは次のとおりであるが，戦略経営の手法のなかで最も多くの企業で活用されている。

①　長々としたリストを作らなければならない。
②　優先順位を表すための加重格付けを用いない。
③　あいまいな語句を使う。
④　同一の要因を2つの範疇に入れる可能性がある（つまりある強みは同時に弱みであるかもしれない）。
⑤　意見をデータまたは分析で検証する義務を負わせていない。
⑥　単一段階の分析にすぎない。
⑦　戦略の実行との論理的結びつきに欠ける。

3.6　代替戦略の作成

SWOTの結果に基づいて，いくつかの戦略の選択肢を作ることもできる。SWOT分析から想定される戦略の方向性について組み合わせたTOWSマトリッ

クスを，図表3－5に示す。企業が直面する外部の機会と脅威がその企業の内
部の強みと弱みと組み合わさって，4組の戦略選択肢を作りあげるかを明示す
る方法である。これは，他の方法ではなかなか考えつかないような戦略選択肢
を生み出す優れた方法である。この方法を使えば，成長戦略だけでなく，縮小
戦略も検討せざるを得なくなる。これは事業戦略だけでなく全社戦略にも使え
る。

図表3－5　TOWSマトリックス

内部要因（IFAS） 外部要因（EFAS）	強み（S） 内部要因をここに記入	弱み（W） 内部要因をここに記入
機会（O） 外部要因をここに記入	SO戦略 強みを用いて機会を活用する戦略をここに作成する	WO戦略 弱みの克服によって機会を活用する戦略をここに作成する
脅威（T） 外部要因をここに記入	ST戦略 強みを用いて脅威を回避する戦略をここに作成する	WT戦略 弱みを最小限に抑え，脅威を回避する戦略をここに作成する

　図表3－5の作成には次の手順を踏む。

手順1：機会（O）の枠には，SWOT分析のリストから企業またはその事業部
　　　　門にとって利用可能な現在および将来の外部における機会を記入する。

手順2：脅威（T）の枠には，SWOT分析のリストから企業または部門が直面
　　　　する現在と将来の外部からの脅威を記入する。

手順3：強み（S）の枠には，SWOT分析のリストから企業または部門が現在
　　　　および将来において強みを発揮する分野を記入する。

手順4：弱み（W）の枠には，SWOT分析のリストから企業または部門にとっ
　　　　て現在および将来において弱みとなる分野を記入する。

手順5：4組の要因の特定の組み合わせの検討結果に基づいて，企業または事
　　　　業部門に対する一連の可能性のある戦略を作成する。

60……◎

手順6：次に，4つの戦略を記入する。

　ＳＯ戦略：企業または事業部門が機会を活用して強みを発揮できる方法を考慮することによって作成する。

　ＳＴ戦略：脅威の回避方法として企業または事業部門の強みを考慮する。

　ＷＯ戦略：弱みを克服することによって機会を活用する試みである。

　ＷＴ戦略：弱みを最小限に抑え，脅威を回避する，基本的には防衛的な行為である。

　TOWSマトリックスは，企業（または，事業部門）の意思決定者が他の方法では思いつかなかったような一連の選択肢を作成するのに非常に有益である。これは企業全体にでも，あるいは企業内の特定の事業部門にでも使うことができる。それでもTOWSマトリックスは戦略選択肢を作成する多数の手段の1つにすぎない。他には企業内の事業部門を潜在的な競争と協調戦略の観点から評価する方法などがある。

3.7　その他の戦略作成手法

3.7.1　ブレインストーミングとデルファイ法

　ブレインストーミングは予測すべき状況について多少の知識をもつ人を集めれば，それで条件が整う非定量的で非常に便利な手法である。頭のなかでふるいにかけることなく思いつくアイデアを提案することが基本的なルールである。他の人の発言には批判をしてはならない。いろいろなアイデアを出させて，それが積み重なっていって，やがてコンセンサスに達する。これは，数値データよりも，実感や第六感を重視する現場の管理者向きの手法である。

　このほかに，デルファイ法がある。非定量的な手法であるが，特定分野の専門家たちが，生じる可能性のある展開を予測することもある。それぞれ接触のない専門家が独自に特定の出来事が生じる可能性を評価する。これらの評価をとりまとめ，個々の専門家に送り返して，最終合意に達するまで微調整を繰り返すのである。将来の技術動向の予測などに活用されている。重要な変動要因

の相互作用に基づいて将来起こりそうな展開を組み立てるので専門家の能力に
かかっている。

3.7.2　シナリオ分析

　シナリオ分析は，もともとハーマン・カーンが1950年代にアメリカの軍事戦
略研究の結果に起源をもつものをさらに展開したものである。ここでシナリオ
とは代替的な枠組み制約のなかで未来の予測の展開を記述することをいう。

　多くの企業はいくつかの異なる環境のシナリオに適合するような数個の戦略
を展開する。まったく新しい事業分野への進出や新しい技術への転換をはかる
ような場合，企業の事業活動に根本的な変化が起こることが予想される。しか
し1973年の石油危機以降，新しいアプローチの必要性が強く認識されるように
なった。それがシナリオ分析にほかならない。

　シナリオの作成は，ロイヤル・ダッチ・シェルが始めたもので，シナリオは
物語形式で起きそうな将来のさまざまな姿を書き表すことに重点を置いている。
したがってシナリオは重要な変動要因や問題という観点からの単なる未来の叙
述である，あるいはシナリオは他の予測手法との併用で作られるものである，
と言ってよいのかもしれない。

　業界シナリオは，特定の業界についてあり得そうな将来像の予測を記述した
ものである。このシナリオは，特定業界の重要なグループに対して将来の社会
的勢力が与えそうな影響を分析することによって作成される。

　この分析手順は次のようになる。

手順１：社会的変動要因の変動の可能性を世界的な見地に立って検討する。

手順２：事業環境における６つの勢力のそれぞれについて不確実性を見分ける。
　　　　たとえば潜在的参入者，競合他社，出てきそうな代替品，買い手，供給
　　　　業者，および他の利害関係者など。

手順３：将来の傾向について何種類かのもっともらしい想定を作成する。

手順４：個々の傾向についての想定を組み合わせて，そのなかで首尾一貫した
　　　　シナリオを作成する。

手順5：それぞれのシナリオの下で主流となりそうな業界状況を分析する。

手順6：それぞれのシナリオの下での競争優位の根源を決定する。

手順7：それぞれのシナリオの下で競合他社の行動を想定する。

手順8：企業の将来にとって最もあり得る，あるいは最も強烈な影響を与えそうなシナリオを選定する。このようなシナリオを戦略の策定に使用する。

3.8　ま　と　め

　本章で紹介した内容は，企業などにおける経験的な知識や，これら知識を基にしてコンサルティング会社によって開発された手法が多い。経営学者，コンサルティング会社，企業などが協力して発展を遂げてきたのが経営学の特徴ともいえる。このような理論と実践的な手法を駆使して，企業の戦略経営がなされる。次章以降に，戦略経営の手順に従って解説していく。

【注】

1）マッキンゼー・アンド・カンパニー社のトップコンサルタントを務めたリチャード・フォスター（Richard Foster）の指摘である。

2）インテル（Intel）の共同創始者であるゴードン・ムーア（Gordon Moore）が1965年に提唱したムーアの法則（Moore's Law）は，もともとプロセッサの集積は1年ごとに倍増するというものであったが，間もなくムーアはこれを2年に変更した。他の人がこれを18カ月に変更し，現在は18カ月が受け入れられている。1965年には1つのマイクロチップの上に16の部品が乗せられていたが，2000年までにこの数は幾何級数的に増えて1,000万になった。

3）SWOT分析は，企業内部の能力と外的環境を適合する戦略（計画）を作成するためのものである。ハーバード大学のケネス・R・アンドルーズ（Kenneth Andrews 1965）たちや，スタンフォード大学のアルバート・ハンフリー（Albert Humphrey）らの考え方に基づいて生まれた。

4）TOWS分析は，ハインツ・ワイリック（Heinz Weihrich 1982）が提唱したもので，戦略策定の定式化のために考案された。

【参考文献】

ケネス・R・アンドルーズ著・山田一郎訳『経営戦略論』産業能率短期大学出版部，1976

年。

土屋守章『企業と戦略』日本リクルートセンター出版部，1984年。

Brock, David C. and Gordon E. Moore Chemical *Understanding Moore's Law: Four Decades of Innovation*, Heritage Foundation, 2006.

Learned, Edmund P., Kenneth R. Andrews and C. Roland Christensen, William D. Guth, *Business Policy: Text and Cases*, Irwin, 1965.

Schumpeter, J.A., Theorie der Wirtschaftlichen Entwick 2 Aul., Drucker & Humblt, 1926.（塩野谷裕一，中村伊知郎，東畑精一訳『経済発展の理論』岩波書房，1980年）

Weihrich, Heinz, "The TOWS matrix: a tool for situational analysis," *Journal of Long Range Planning*, Vol. 15 Issue 2, 1982.

第4章　外部分析

　戦略策定の前段階として事業環境分析が行われるが，外部環境（企業組織外からの機会と脅威）と内部環境（企業組織の強みと弱み）に分けられる。機会と脅威の可能性を明確にするためには，外部環境を分析し，そして企業組織内の強みと弱みを見極めるために内部環境をそれぞれ分析しなければならない。

　本章では，外部環境の分析方法を紹介するとともにその有効性について検討するものとする。内部環境の分析については，次章（第5章）で紹介する。

　事業環境の変化への対応のまずさが原因で業績不振に陥った企業があり，対応をうまく行って業績を良くした企業もある。外部環境は絶え間なく変化し，古いものを破壊させると同時に，新しい事業機会を提供する。企業活動が成功し続けるためには，企業は外部環境の変化に対応していく必要がある。企業組織を取り巻く環境は複雑になり不確実になるだろう。市場がグローバル化するにつれて，意思決定を行う上において企業が考慮しなければならない要因の数が，膨大で複雑になってきている。新しい技術が開発される状況下では，製品も変化を求められ，市場も変わる。外部環境の不確実性は，企業が長期計画を作成し戦略的意思決定を行う上で障害になる。とくに産業外における環境の変化は，特定の企業だけに影響を及ぼすわけではなく，産業全体に同じような影響を及ぼす。したがって，企業の対応の仕方では，新しい企業活躍の場を作り出し，企業の創造力と革新性が市場に認められる絶好の機会ともなり得る。企業の戦略的意思決定次第で大活躍ができる可能性があり，ここに外部環境分析の重要性があるといえる。

4.1　外部環境

　外部環境の分析として，最もよく活用されるのは，産業分析とマクロ環境分析である。

　外部環境の分析においては，まず，企業が属する産業の分析を行う。産業とは，類似の製品（または，サービス）を生産し販売（または，提供）している企業群である。産業内で，企業が置かれている立場を分析することは，事業環境の分析における第一歩といえる。産業の分析には，産業内で影響を及ぼすものを分析するとともに，その産業内全体の変化や，産業内での国際的な影響も考慮すべきである。

　さらに，産業よりもさらに外部のマクロ環境からの影響を検討するというのが定石である。外部環境の分析対象の構成は，図表4－1に示すとおりである。

図表4－1　事業環境の分析対象

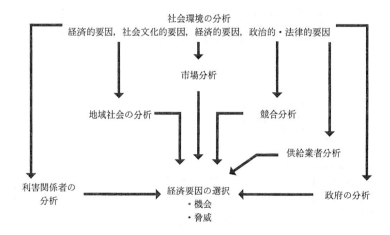

4.2　産業分析

　産業内の競争状況の分析では，外部の環境分析の第一歩として，ポーターの

産業分析手法が多用される。ポーターの産業分析は，その時点における競争状態の分析であるが，これに加えて①産業全体の長期的な変化への視点や②当該産業内ではあるが，海外との関係についても配慮すべきである。

4．2．1　ポーターの産業分析手法（Porter の5項目による分析）

マイケル・ポーター（Porter, M. E.）は，産業内の競争の分析において，企業が最も懸念しているのは，競争の激しさであると主張している。この程度は，図表4－2に示したように5つの競争勢力によって決定される。個々の競争勢力の詳細については，第2章（2.4.1項）で説明済みであるので参照ねがいたい。

図表4－2　産業内での5つの競争勢力（図表2－2の再掲）

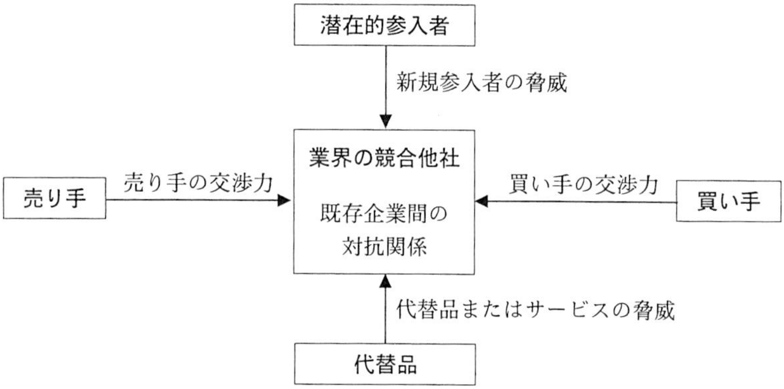

出所：Porter［1980］.

4．2．2　産業内の戦略グループと戦略の形態
（1）戦略グループ

産業内の各企業には，まったく異なる戦略をとる企業もあれば，よく似た戦略をとる企業もある。戦略グループとは「類似の経営資源をもち，類似の戦略を追求」する事業部門（または，企業）群のことである。企業が採用している戦略は，企業の組織構造や企業文化を反映しており，同一産業のなかで同じ戦略グループに属する企業（または，事業部門）はお互いに手強い競合者になるこ

とが多い。産業内の企業を戦略グループに分類してみることは，競争環境を理解する上でよい方法である。

　産業内の戦略グループは，市場における業界内競争の立場を，2つの要因によって図に示すことができる。たとえば，製薬産業における研究開発費と製品価格帯によって，2つの戦略グループに分類できる。研究開発に多額の金額を投資して新薬開発によって高価格の薬品を販売しようとする企業グループと他社の特許の切れた薬品を低価格で販売しようとする企業グループである。前者はハイリスク・ハイリターン型であり，後者はローリスク・ローリターン型ともいえる。

　米国のレストランチェーンの例を，図表4－3に示す。外食産業におけるメニューの多様性と価格帯，アパレル産業における品質と価格帯などによって，産業内での各企業の位置づけをしておき，同じような位置にある企業を，図では円で囲むことによって産業内の戦略グループを示す。なお，図中で，全売上

図表4－3　戦略グループ：米国のレストランチェーン

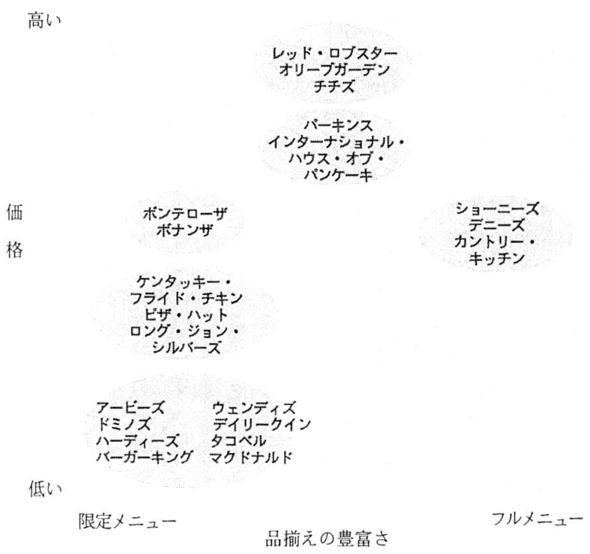

高に占める戦略グループの売上比率に応じて円の大きさを変える。

（2）戦略の形態

　産業（戦略グループ）内における企業ごとの差異は，マイルズ＝スノウ（Miles and Snow）によると，ある産業内で競争している企業はその戦略の方向性によって，次の4つの基本タイプに分類できる。

①　防衛型：製品数が限定されていて，現業の効率性を高めることを重視する企業で，コスト志向性であるため新分野に向けた革新は期待し難い。

②　投機型：広範な製品をもち，製品の革新と市場機会を重視する企業。

③　分析型：2つの製品市場（安定的と可変的）で活動している企業で，安定的製品市場では効率性を重視し，可変的製品市場では技術革新に重点を置く。

④　順応型：企業の「戦略－機構－文化」の間に一貫性を欠き，外部環境の変化に対する対応は脈絡がなく，戦略の変更を繰り返す。

　この区別は，同じような状況に直面している企業が異なった行動をとる理由や，長期間その行動を継続する理由を説明するのに役立ち，産業の将来の発展シナリオを描くことができる。

4.2.3　産業のライフ・サイクル

　時間の経過に伴って，商品はそのプロダクト・ライフ・サイクルを経験するが，その集合体である産業も，ライフ・サイクルがあり，図表4－4に示すように，開発期，導入期，成長期，成熟期，そして衰退期という一連の段階を辿る。ポーターの産業分析における5つの勢力も産業の段階によって異なってくる。産業のライフ・サイクルの概念は，産業内の競争の原動力となる5つの勢力間の動向の説明や予想に活用できる。

　導入期にあるときは，新しい商品やサービスが目新しくて新奇なニーズを満たしてくれるので買い手（消費者）は価格にかかわらず，その製品を購入する。

市場占有率が大きい企業はなく，純粋な競争状況にあり，各企業はニッチな市場細分化型産業で活動している。

　成長期では，新規参入者が増えるにつれて競争が広がり価格が下がる。企業は他の競合他社に先駆けてコストを削減しようと，規模の経済を求めたり経験曲線の効果に期待する。企業のなかにはコスト削減のために供給者や流通業者を買収して統合を図る企業も出てくる。

　成熟期には，製品は一般消費財化してくる。買い手は，各企業の製品の品質を熟知し価格が最大の関心事である。企業は価格競争を回避するために製品の差別化を試みる。少数の大企業が支配し，それぞれの企業がその製品を競合他

図表4－4　産業のライフ・サイクル

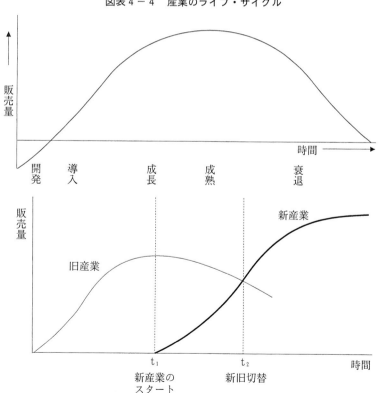

社から差別化しようとする産業（統合型産業）である。

　衰退期に入ると，製品の市場成長率は減速し減少することになる。企業は生産設備を他に転用したり他企業に売却したりする。さらに少数のより大規模な競争者に統合される。

4.2.4　国際的な産業分析

　国際市場に入ろうとする企業は，①地域市場への対応圧力，そして②コスト削減圧力という2つの圧力を受ける[1]。これを図示したのが，図表4-5であり，(1)インターナショナル（international），(2)マルチドメスティック（multidomestic），(3)グローバル（global），そして(4)トランスナショナル（transnational）というように4つの戦略タイプに分類している[2]。

図表4-5　国際ビジネスの4つの戦略

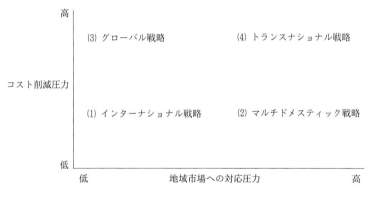

　なお，ポーターは，地域市場への対応圧力だけによって，グローバルとマルチドメスティックの2つに分類しようとしている。これは，単純ではあるが，コスト削減への圧力への配慮を欠いているといえる。

（1）インターナショナル戦略

　本国における商品を海外市場にもち込むことで新たな価値を見出そうとする戦略であり，地域市場の圧力ならびにコスト削減への圧力がともに低い場合で

ある。海外ビジネスの初期の段階といえる。生産・販売は海外の主要国に置いても研究開発は海外に置かないことが多い。

（2）マルチドメスティック戦略

　本国と同一商品であるが海外市場の要望に応じて調整を加えることで新たな価値を見出そうとする戦略であり，地域市場への圧力が強いが，コスト削減への圧力が低い場合である。海外の主要国に生産・販売・研究開発の拠点をもつことが多い。

（3）グローバル戦略

　低価格戦略をとっており，立地の優位性や規模の経済，そして経験曲線などによるコスト削減効果を有効利用しようとする戦略であり，地域市場の圧力が高くないが，コスト削減への圧力が強い場合である。生産・販売・研究開発は特定の拠点に集中させることが多い。

（4）トランスナショナル戦略

　最近では，地域市場の圧力ならびにコスト削減への圧力がともに強い場合が多い。すなわち，個々の海外市場の好みに合わせた商品が求められ，同時に低価格をも求められている。海外拠点は主要国に置き，海外拠点ごとや相互間のグローバル・ラーニングによるコスト削減と個別市場への対応を同時並行的に行っている。

4.3　外部環境の変動要因の発見

　産業ごとの分析の次に行わなければならないのは，産業よりもさらに外部からのマクロ的な影響であり，大まかには下記の 4 項目であり，これらは特定の個別企業に対してだけではなくて産業全体に影響を及ぼす。

　①　マクロ経済の影響

　②　技術革新の影響

③　政治・法律の影響

④　社会文化の影響（人口，事件・事故）

　これらの変動要因は図表4－6および図表4－7に示すとおりであり，その影響力は下記に示す。ある分野における動向はある産業に属する企業には非常に重要であるが，他の産業の企業にはさほど重要ではないことがあり得る。

　①　マクロ経済の要因は，たとえば，インフレやデフレといった物価動向，労働賃金，消費者の動き，為替レート，金利などである。企業にとっては，現材料の購入，販売価格，そしてコストといった企業の業績に直接的に影響してくる項目である。

　②　技術の要因は，たとえば，情報技術，バイオテクノロジー，ナノテクノロジーといった先進技術から生産現場における改良・改善まで多岐にわたる。情報技術の急速な発展は，コンピュータや通信の飛躍的な開発と企業における利用を導いた。単なる効率化だけでなく，インターネットを活用した販売といったまったく新しい販売や流通の方法をもたらしている。

　③　政治・法律の要因は，政府の政策，法規制，許認可，行政指導といったものである。なお，事件や事故は，直接的には政治・法律に関連するものではないが，事件や事故を契機として，法規制・許認可・行政指導といったものに発展することもある。

　④　社会文化の要因は，ライフスタイル，社会風潮，世代による価値観，市民運動などである。人口統計上の傾向は社会文化の要因ともいえるが，世代とまとめて社会文化とは分ける見方もある[3]。団塊の世代による人口統計上の突出は，単に人口が多いだけでなく新しい価値観や社会風潮を生み出し，多くの産業の市場需要に大きな影響を与えてきたし，今後もこの年代およびこの年代の子供たちの世代は市場需要に影響を与えるだろう。

　事件や事故など突発的な出来事も影響を与える。たとえば，BSEやインフルエンザの流行が国際貿易に大きな影響を与え，また，テロ活動といった国際間の出来事も影響を及ぼす。ただ，突発的なことであるから予想が難しい。

図表4－6　外部のマクロ環境要因（図表1－4の再掲）

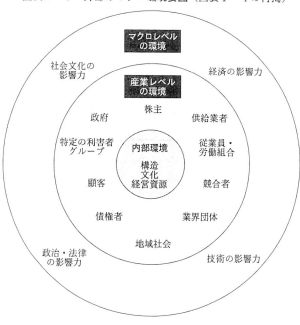

出所：Wheelen and Hunger［2000］.

図表4－7　マクロ環境要因のなかの重要な影響要因

マクロ経済の要因	技術の要因	政治・法律の要因	社会文化の要因
GDP，成長率	政府の研究開発支出	独占禁止法	ライフスタイルの変化
金利	企業の研究開発支出	環境保護法	出世への期待
マネー・サプライ	技術開発への注力	税法	消費者運動
インフレ率	特許保護	特別奨励策	家族生成率
失業率	新製品	外国貿易の規制	人口増加率
賃金・価格政策	研究から市場投入までのタイムラグ	外資規制	人口年齢構成
通貨切上げ・切下げ	自動化・生産性	雇用昇進の法整備	人口の地域別変化
資源・エネルギー調達の難易度とコスト	ITの利用可能性	政府の安定性	平均寿命
可処分所得	通信の社会基盤		出生率

出所：Wheelen and Hunger［2000］から修正。

4.4　国際環境からの影響

　海外で事業を行う企業は，自国とは違った国で，異なった経済的，技術的，政治・法律的，社会文化的変動要因から成るまったく新たな社会環境に直面することになる。国際的な産業分析については，4.2.4項で議論したが，ここでは，国際的マクロ環境について議論する。

　国際的マクロ環境では，国内と同じく，経済，技術，政治・法律，社会文化についての変動要因があるのは同様であるが，図表4－8に示すが，国内における要因を示す図表4－7とはかなりの部分で異なってくる。

図表4－8　国際社会における重要な変動要因

マクロ経済の要因	技術の要因	政治・法律の要因	社会文化の要因
GDP経済成長率	技術移転の規制	現地政府の民主化度	習慣，規範，価値
所得水準，賃金	知的財産権保護	現地政府の政治政策	言語
為替レート	ITの利用可能性	政権の安定性	人口構成，労働人口
金融・財政政策	通信の社会基盤	反政府，テロ活動	平均寿命
失業率，労働組合	技能レベル	金融・財政政策	社会的慣行
競争状況	教育レベル	外交政策	ステータス・シンボル
地域経済同盟加入		保護貿易主義的感情	ライフスタイル
エネルギー調達の難易度とコスト		法律制度の整備	法律制度の整備
鉱物資源の調達		会社法，税法	国際性
気候と農業生産		取引規制，許認可	識字率
港湾施設・輸送網		外資規制，本国送金	人権，女性の地位　環境保護

出所：Wheelen and Hunger［2000］から修正。

　欧州連合（EU）や北米自由貿易地域（NAFTA）のような地域経済同盟の存在は域外を本拠とする企業が域内で経済活動を行うときには，大きな影響を及ぼす。アジアの環太平洋圏では，域内の諸国・地域は，社会や文化面での価値が近い部分もあるが，社会における企業の役割についての位置づけは大きな差異があり，主として国家の発展に貢献することだと考える諸国と，株主のため

に利益を上げることであるという諸国がある。ドイツでは，労働者の代表が企業の経営に参画している。

このように，マクロ環境には，国や地域ごとの相違が大きく，海外でのビジネスに重点を置いている企業（多国籍企業など）のマーケティング，財務，製造などの活動に大きな影響を与えている。

ハイテク・高付加価値商品の90％近くが北米，西欧，日本で製造され，消費されているので，この3地域のそれぞれの地域に合った製品の開発，生産，マーケティングを行うというグローバル戦略が考えられる。ある特定の1地域で新製品を開発・販売し，その後に他の先進諸国へ輸出するというやり方（インターナショナル戦略）や，主要な諸国に製造・販売・研究拠点をもつやり方（マルチドメスティック戦略）はもはや通用しない。さらに，現在のハイテク・高付加価値商品産業が成熟してくると，北米，西欧，日本の3カ所を相互有効活用しながらグローバル・ラーニングを行うトランスナショナル戦略が考えられる。

しかし，先進工業国の市場だけを重視することは，企業が世界の発展途上国市場における重要な機会を見逃す原因となる。これらの国では，特定の製品に対する需要が成長過程にあったり，広範な製品に対する需要が育ってきたりする可能性もある。企業がこの市場に参入するタイミングであるといえる。国際環境からの影響を考慮して，商品または，サービスについての地域市場ごとの適合性を見分けることが大切である。

4.5　事業環境分析と整理

図表4−1で示したように，企業の外部環境の分析には関連要因を抜け落ちなく分析することが肝要である。外部環境における潜在的な戦略要因の数は非常に多い。とくに海外ビジネスを行う企業にとっては，各国が各々のマクロ環境要因をもっていることからこの数は膨大なものになる。したがって，外部環境の要因に関するデータをいかにして要領よく収集して，分析するかにかかっている。

4.5.1 外部情報の入手

産業分析やマクロ環境分析に必要な情報は，インターネットを駆使して収集が飛躍的に容易になった。産業分析のなかでは，競合他社の情報は最も重要な情報の１つであるが，図表４－９に情報入手の可能性をA～Eで示す。

図表４－９　インターネットで入手できる競合他社情報

情報の種類	公開企業 入手の可能性	非公開企業 入手の可能性
売上総額	A	E
製品別または流通経路別売上高・利益率	E	E
関心のあるセグメントの市場規模	大企業：B 小企業：C	同左
マーケティング，技術，流通の傾向	同上	同左
価格，最上顧客への最低価格を含む	EE	E
マーケティング戦略	C（不完全）	C－（不完全）
製品に関する技術資料	C（不完全）	C－（不完全）
部門ごとの人員数	E	E
報酬の水準	E	E
強みと弱みについての顧客意見	C（不完全）	C－（不完全）
自社製品・サービスへのフィードバック	E	E

A：非常に高い　B：高い　C：可能　　D：低い　E：非常に低い

出所：Wheelen and Hunger［2000］から修正。

4.5.2 将来予測

収集された情報から将来の情勢を予測するのにさまざまな手法が使われている。それぞれの手法は，一長一短である。世界の大企業約500社のうち，70％以上の企業で傾向外挿法（extrapolation）を時々あるいは頻繁に用いる手法であるとしている。外挿法の次にシナリオ分析，ブレインストーミング，統計モデリング（statistical modeling）が，人気の高い予測手法である。

(1)　外挿法：過去から現在の傾向を将来に延長する方法である。一貫性があって，短期的には変化は緩慢であるという前提に基づいている。過去のデー

タが多いほど信頼性は増すが，外挿法の問題点は，過去の傾向は非常に多くの異なった変動要因のなかで，一連のパターンまたは関連性に基づくものなので，そのいずれかの要因に変化があれば将来の方向は大幅に変わる可能性がある。

⑵　ブレインストーミング：思いつくアイデアを提案するなかで，アイデアが積み重なっていって，やがてコンセンサスに達するという方法である。デルファイ法はこれの応用である。

⑶　統計モデリング：2つまたはそれ以上の時系列を結びつけて，原因となる，あるいは少なくともその結びつきを説明する要因を発見しようとする定量的手法である。外挿法と同じく，過去の傾向が将来も続くという前提である。回帰分析（regression analysis），計量経済学的手法（econometric method）がある。

⑷　シナリオの作成：物語形式で，起きそうな将来のさまざまな姿を書き表すことに重点を置いている。

4.5.3　外部戦略要因の識別

まったく同じ外部環境の変化に対して個々の企業が異なる対応を取ることはよくあるが，いくつかの理由が考えられる。

ウィーレン＝ハンガー（Wheelen and Hunger　2000）によると，企業はすべての外部要因を把握するわけではない。外部の要因を把握しても，要因が多岐にわたるために重要性によって取捨選択を行わざるを得ない。また，認識し，理解する経営者の意識や能力の相違もある。経営者が，戦略の重要性によって絶えず追跡しなければならない変動要因が何であるかが決まることを理解していても，新たな決定的展開を見逃したり，あるいは無視することを選んだりすることがある。

現行の戦略の成功のみならず，企業経営者の個人的価値や職能経験によって，外部環境のなかで何が監視すべき重要なことかという考え方や読み取ったことの解釈が歪められがちである。マイナスの情報やよく知らないことを拒否した

いという気持ちを戦略上の近視眼と呼ぶ。企業に戦略を変える必要があるとしても，これでは有効な戦略の変更に結びつく適切な外部情報は収集できないだろう。

　優先順位マトリックス（図表4-10）を使ってこういった問題点を解消しようとする方法がある。これは，①外部環境において生じつつある傾向をいくつか見極める，②これら傾向が実際に起きる可能性の大中小を評価する，そして③これらの傾向がその企業に及ぼしそうな影響（大中小）の検証を試みる。

図表4-10　問題の優先順位マトリックス

企業への影響の可能性

		大	中	小
発生の可能性	大	優先順位高	優先順位高	優先順位中
	中	優先順位高	優先順位中	優先順位低
	小	優先順位中	優先順位低	優先順位低

　企業の外部戦略要因は，発生の可能性が高いものまたは中ぐらいのものであって，企業への影響の可能性が高いものまたは中ぐらいのものという基準で判定された重要な環境の動向である。問題の優先順位マトリックスは，経営者が探査するだけでよいのはどの環境動向なのか（優先順位は低い），戦略要因として監視しなければならないのはどの動向なのかを決めるための支援手段として利用できる。企業の戦略要因と判定された環境動向はその後機会と脅威に分類され，戦略の策定に組入れられる。

4.6　まとめ

　戦略策定の前段階は，事業環境分析（外部環境と内部環境）である。本章で紹介した外部環境は，さらに，産業内分析と産業外の分析に分けられ，各々，企業組織外からの機会と脅威の分析を行う。産業内分析には，ポーターの5項目

がよくつかわれる。国際社会からの影響もさらに加味する必要がある。次章では，内部環境分析について紹介する。

【注】

1）パハラード＝ドッヅ（Pahalad and Doz 1987）の研究による。

2）ブリキンショウ他（Brikinshaw, Morrisonand, Hulland 1995）の研究による。

3）ヒル＝ジョーンズ（Hill and Jones 2006）による。

【参考文献】

マイルズ＝スノウ著，土屋守章他訳『戦略型経営』ダイヤモンド社，1983年。

Brikinshaw J., A. Morrisonand, J. Hulland, 'Stractual and Competitive Determinants of a Global Integration Strategy', *Strategic Management Journal*,16.

Charles W. L. Hill and Gareth R. Jones, Strategic Management: an integrated approach, 6th/ed Boston, NY: Houghton Mifflin Company, 2006.

Pahalad, C.K. and Y.L., Doz, *The multinational Mission: Balancing Local Demands and Global Vision*, New York : Free Press, 1987.

Porter, M.E. *Competitive Strategy*, The Free Press, 1980.
（土岐他訳『競争の戦略』ダイヤモンド社，1982年）

Wheelen T.L. and Hunger J D, *Strategic management and Business Policy*, Prentice Hall, 2000, pp.20-21.

第5章　内部分析

　内部分析（もしくは，組織分析）は組織内の経営資源を見極めることである。
　企業外部の事業環境の調査と分析を行い，機会と脅威を明確化するだけでは，組織に競争優位をもたらすには十分ではない。企業内部を分析して経営資源のなかで強みと弱みを明確にすることで，機会を利用し脅威を避けることができる企業組織であることを見極めなければならない。内部分析は，企業の保有する経営資源のなかで，何が競争優位であるかを洗い出すことでもある。

　経営資源は，企業が保有するヒト，モノ，カネ，知識・情報である。経営資源はそれが企業に競争優位をもたらすのであれば強みである。強みは，企業が現在または将来の競争相手がもつ能力と比べて，優れていたり，うまく活用したりする能力であり，その能力をもっていても活用する能力がなかったり，活用方法が拙劣である場合には弱みになる。

　強み（strength）は，企業の競争力の中核となるものであり，コア・コンピタンス（core competence：中核競争力）と呼ばれ，そのなかでもさらに卓越した強みはディスティンクティブ・コンピタンス（distinctive competence：卓越した競争力）と呼ばれ，企業に競争優位をもたらすことができる。なお，弱み（weakness）はコア・デフィシエンシー（core deficiency：中核的欠乏）と呼ばれる。

　本章では，企業組織の競争優位を分析して明確に把握することを目的とする。まず経営資源と競争優位の関係を明確にし，競争優位の特性を把握し，経営資源の評価手法を紹介し，価値連鎖の分析，職能からみた経営資源，企業文化について，議論する。

5.1　経営資源と競争優位

　組織の内部分析を行うことは経営資源の強みと弱みを把握することである。まず経営資源の定義，経営資源と競争優位，そして経営資源の評価について，議論していく。

5.1.1　経営資源の定義

　経営資源とは企業が保有する人的資源（ヒト），物的資源（モノ），資金的資源（カネ），そして知識・情報的資源（知識・情報）である。まず，経営資源のタイプ別に説明していく。

（1）人的資源

　企業で働く正規従業員，非正規の従業員（パート，派遣，契約），そして経営者のことを指す。企業に対して，労働力提供だけでなく知的な貢献も行い，次の 4 つの特徴がある。

　①　人には個性があり業務内容に向き不向きがある。各々の希望や適性に合った仕事を割り当てることが必要になる。

　②　能力水準に差があり，同じ人数が同じ時間働いたとしてもアウトプットの質と量は異なる。

　③　志気意欲によって労働の質が異なり，同じ能力をもつ人が同じ人数で同じ時間働いてもアウトプットは異なる。

　④　潜在的な能力水準は時間の経過とともに変化する。経験や学習によって能力水準が向上する。学習の効果に関しても志気や意欲が影響する。

　これらのことから，企業は採用した人的資源を有効活用するには，人員配置，能力開発，労働意欲，インセンティブなどが重要になる。

（2）物的資源

　製品を生産するのに必要な原材料や部品，工場設備，生産機械やプラント機

82……◎

器，事務所，情報機器などの備品類などを指す。他の企業にもっていっても同じような性能を発揮することが多く汎用性が高く，特定の企業に存在する場合にのみ大きな効果を発揮するという企業特殊性は低い。

（3）資金的資源

　資金的資源は，物的資源や人的資源の取得や維持に必要となる資金である。生産活動に必要な設備をそろえるための設備投資，原材料や部品などを購入する資材調達費，従業員への人件費など，資金は不可欠である。資金的資源は，企業活動に投入されるインプットであるが，製品の売上はアウトプットである。事業活動に必要な資金は，株式や社債を発行することでの調達（直接金融）や，銀行借り入れでの調達（間接金融）でまかない，調達した資金を，①投資収益率や②成長性などを考慮して配分を行う。

（4）知識・情報的資源

　知識・情報的資源とは，無形の経営資源全般のことであり，市場に関する情報，技術やノウハウ，ブランド・ロイヤリティー，企業イメージ，企業や組織の文化や風土，経営能力，従業員のモラール（志気）などを指す。知識・情報的資源は，人的資源が創造する知識・経験・知恵・工夫などを核として形成され，競争優位を確立する上で最も重要な経営資源である。企業活動から得られた新しい知識・情報が既存の知識・情報と融合して新たな能力を形成するという「自己増殖の力」をもつ。これは企業の個性そのものであり企業特殊性が極めて高い，市場を通じた取引（入手）が困難であり，ひとたび企業のものとなれば，複数の人や場所で利用可能であるといった特徴がある。

5.1.2　経営資源と競争優位

　企業は，経営資源（ヒト，モノ，カネ）を外部の市場から調達（input）し，組織内部における無形の経営資源（知識・情報）を活用しながら，製品を生産（throughput）することで付加価値を付けて，製品を市場で販売（output）する

活動をしているといえる。

　外部の市場から調達する経営資源のなかで必要に応じて市場から容易に調達できるものを「可変的資源」といい，例として原材料や短期契約の労働者などがある。他方，保有量を増減させるのに時間がかかり，その調達に必ず相当のコストがかかるものを「固定的資源」といい，例として設備投資の対象となる工場や，長期雇用契約の正規従業員，技術やノウハウといった無形資産も含まれる。

　可変的資源は，企業が容易に調達できる経営資源であり，競合他社も資金さえあれば調達可能である。このような経営資源は，競合他社も同じように調達できて，企業が占有できないので独自の強さにはなりにくい。一方，固定的資源は，競合他社にとって入手に時間がかかるもの，入手困難なものが含まれるために他社との競争において独自の強みをもたらす可能性がある。とくに技術やノウハウといった無形資産は，知識・情報的資源であり，これらを用いて製品を生産していく過程で，新たな知識・情報が組織内部に蓄積されていくという自己増殖という特性があり，競合他社が入手し得ないものが多く含まれる。

　企業の強み（strength）は，コア・コンピタンス（core competence：中核競争力）と呼ばれ，なかでも卓越した強みはディスティンクティブ・コンピタンス（distinctive competence：卓越した競争力）と呼ばれ企業に競争優位をもたらすことができる。弱み（weakness）はコア・デフィシエンシー（core deficiency：中核的欠乏）と呼ばれる。

5.2　競争優位の特性

　企業が，製品（もしくは，サービス）の売上を伸ばして利益を上げているときに，その企業は競争優位があるという言い方がされる。ここで，競争優位とは，経営資源による価値創造であり，コストダウンと差別化により形成される。コストダウンと差別化については，次章（第 6 章）においてさらに議論するので，ここでは競争優位がどのような特性をもったものであるかを以下に議論する。

　企業活動の最終目標は，利潤の追求である。図表 5 - 1 に示すように，企業

目標を達成するには，①コストダウン（Cを下げる），②価格を上げる（Pをあげる），そして，③売上を伸ばす（Qを増やす）という３つの方法がある。ここで，売上を伸ばせるかどうかは，買い手の判断に依存することであり，企業自身が変更できる項目は，価格を上げることと費用を下げることである。ここで，図表５－１に示すように，価格（P：price），費用（C：cost），そして消費者にとっての商品の価値（V：value to consumer）との関係をみてみる。なお，Vは，消費者が商品に対して評価する価値である。

図表５－１　利潤の追求と価値創造

π＝Q（P－C）

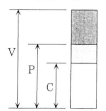

π：利益（profit）　Q：販売量（quantity）
P：価格（price）　　C：費用（cost）
V：消費者にとっての価値（value to consumer）
V－P：消費者剰余（consumer surplus）
P－C：粗利益（profit margin）

　消費者剰余（V－P）とは，消費者が商品に対して評価する価値と商品の価格との差であり，消費者の満足感と言い換えることができよう。ここで，企業の粗利益（プロフィットマージン）は，商品の価格（P）から費用（C）を差し引いたものである。

　企業の粗利益を上げるために企業自身が変更できる項目は，①費用（C）を下げること，もしくは，②価格（P）を上げることである。

　企業が，利益を上げようとするならば，何らかの方法を駆使して，費用（C）を下げることである。コストダウンができれば，利益が上昇する。さらに，競合他社の費用と比べてさらにコストダウンが可能ならば，価格を若干下げることによって消費者剰余（満足感）を高めることができるので，販売量（Q）を増加することも期待できる。

　価格（P）の設定は，VとCの間で成り立つともいえるので，企業側が利益を増やそうとして勝手に価格を上げると，消費者にとっては消費者剰余（満足感）が下がるので，消費者から見放されて販売量（Q）が低下する恐れがある。

　しかし，消費者の商品に対する価値（V）を，何らかの方法を駆使して上げることができれば，消費者剰余（満足感）を確保したままで，価格（P）を上げることができ，利益の上昇が確保できる。

　したがって，①何らかの方法を駆使して費用を下げられる企業，もしくは②何らかの方法を駆使して消費者剰余を上げられる企業が，利益を上げることができ，その企業には競争優位があるといえる。ポーター（Porter 1980）は，「コストダウン」と「差別化」を，競争優位を得るための基本的な戦略として指摘しているのは，上記の理由による。

　競争優位を得るにはコストダウンや差別化によるが，図表5-2に示すように，それを可能にする方法としては，(1)効率性，(2)品質，(3)イノベーション，そして(4)顧客満足がある。

図表5-2　価値創造と競争優位

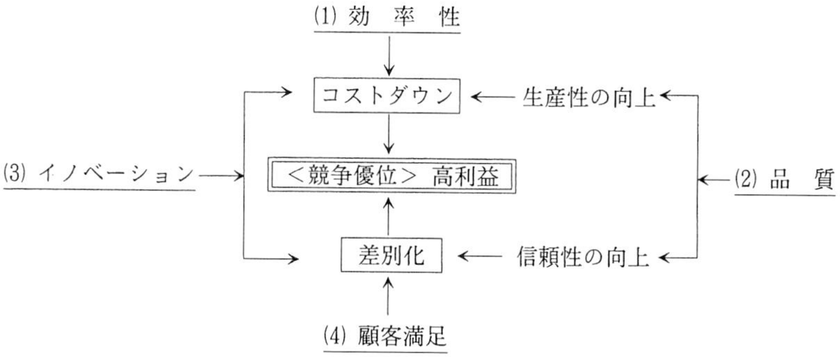

（1）効　率　性

　企業は，経営資源（ヒト，モノ，カネ）を外部から調達（input）し，製品を生産（throughput）したうえで，製品を市場で販売（output）する活動をしている。効率性とは，アウトプット/インプット（output/input）の比率であり，コストダウンに寄与する。企業全体の効率性は，調達，生産，物流，マーケティングといった個々の部門においての効率性の総和で決まる。たとえば，生産部門での効率性は，規模の経済や，経験曲線などの効果によって向上する。

（2）品　　質

　製品やサービスの質であり，業務を遂行する従業員のセンスに依存する。品質の良さは，2つの局面がある。まず，品質が向上することによって，生産効率が向上し，それによりコストダウンが実現し，最終的には利益が上がる。他方は，品質が向上することによって，商品の信頼性が向上し，それにより高い価格が許容されるようになり，最終的には利益が上がる。このように，品質向上は，複数の競争優位を得る方法として注目されている。

（3）イノベーション

　イノベーションは従来の運営方法や製品をまったく革新的で画期的なものに変えてしまうものをいう。製品，製造過程，管理システム，組織形態，そして企業によって開発された戦略などが含まれる。イノベーションは，その新奇性によって差別化（消費者剰余を高めることによって高価格）を可能とし企業に利益をもたらす。また，画期的な方法によってコストダウンを実現できれば，企業に利益をもたらす。すべてのイノベーションが成功するとは限らないが，イノベーションは企業に何かユニークなものでありそれは競合他社にとって模倣が難しいものであることが多い。イノベーションは，コストダウンと差別化に活用される。

（4）顧客満足

　顧客満足を得るためには，企業は競合他社を意識しながら，顧客が満足してくれるように，より良い仕事をしなければいけない。そうすれば顧客は製品により高い価値を見出し，これが差別化となり競争優位をもつことになる。企業の既存の製品ラインの品質を高め，既存の製品ラインに無い製品を新たに提供することも差別化である。顧客満足は，品質向上やイノベーションとは相互に関連しあう関係にあるといえる。さらに，個別の顧客や顧客グループに対するユニークなニーズに対する対応（カスタマイゼーション）も顧客満足である。また，顧客に対する対応時間（レスポンスタイム）も顧客満足であり，所要時間だ

けでなく配送のタイミングもこれに含まれる。宅配便ではこういったサービスが展開されている。

　品質，カスタマイゼーション，レスポンスタイムのほかに，優れたデザイン，優れたサービス，優れたアフターサービスとサポートは，顧客満足に有効である。これらは，差別化の根源となるだけでなく，商品のブランドイメージの構築やプレミアム価格を可能とする。

5.3　経営資源の評価手法

　経営資源が内部で有効に活用できるかどうかを確認することは，経営資源が競争優位となるかどうかを評価することでもある。企業の将来に役立つ強みかどうかを確かめるには何らかの評価が必要である。簡単な方法は，①企業の過去の実績，②企業の重要な競争相手，③業界全体の指標と比較することである。ある経営資源が企業の過去の実績，重要な競争相手，業界平均と比べて，大きな違いがあれば，評価対象として考慮すべき項目である。

　経営資源の評価方法として，バーニー（Barney 1997）の4項目（VRIO）の考え方と，グラント（Grant 1991）の5段階による質の評価が，実務上でも適用が可能である。これらに加えて持続性があるかという観点が競争優位であるかどうかの判断基準となる。

5.3.1　バーニーのVRIO

　バーニー（Barney 1997）は企業の経営資源の評価方法として4項目をあげている。

　①　価　値（Value）：競争優位をもたらすものであるか
　②　希少性（Rareness）：競合他社もそれをもっているかどうか
　③　模倣性（Imitability）：他社が模倣するのはコスト高であるか
　④　組　織（Organization）：その資源を活用できるような企業組織であるか
　4項目の頭文字からVRIOと呼び，いずれかに該当すれば，経営資源は強みであり，卓越した競争力（distinctive competence）といえる。

5.3.2　グラントの経営資源の質

　グラント（Grant 1991）は，企業の持続的な競争優位は主として資源の質により決定されるとし，経営資源と戦略分析に関して5段階の方法を提案している。

①　「強み」と「弱み」の観点から企業の資源を見極め，分類する

②　企業の「強み」を，企業の「能力」と組み合わせる。

　企業の中核能力（corporate capability）とは，戦略上でうまく実行できる能力（capability）のことである。経営資源（resource）が競争力のあるもの（core competence）であり，組織の能力（capability）と組み合わさることにより他社に比べて優れたものになるならば卓越した競争力（distinctive competence）といえる。

③　持続的な競争優位であるという観点からみた利点，そして期待利益を取り込む力という点から，経営資源と能力を査定する。

④　経営資源と能力を，外部分析から得られた機会に対して最大限活用する戦略を選択する。

⑤　経営資源の強弱の差を確認して，弱みを改善するための投資を行う。

5.3.3　競争優位の持続性

　グラント（Grant 1991）の第三段階の指摘（持続性）にもあるように，企業が経営資源と能力を使って競争優位を展開できるからといって，競争優位を長期的に持続できるということを意味するわけではない。持続性がなければ，企業に長期的な利益をもたらすことはできない。企業の持続性には2つの特性があり，①耐久性と②模倣性である。

　「耐久性」とは，経営資源の価値が下がらない（下がる），時代遅れにならない（なる）という可能性である。新しい科学技術が出現して，企業の保有する技術優位性が陳腐化して使い物にならないとか，顧客に受け入れられなくなることはよくある。

　「模倣性」は，経営資源が他社によって複製される可能性である。企業の卓

越した競争力（distinctive competence）が市場において競争優位をもたらすならば，競合者はそれを模倣しようと可能な限りのことをするであろう。模倣する努力は多岐にわたり，競合他社の製品の機能を見出すために分解したり，競合他社の従業員を雇ったり，ときには特許の内容を模倣し侵害したりすることがしばしば行われる。

　模倣が競合者にとって容易なのは，①透明性，②移転可能性，③複製可能性が高いときである。

　①　透　明　性：成功企業の戦略を支えている資源と能力を理解できる能力
　　　　　　　　　と速応力である。
　②　移転可能性：競合者が，先行者に対して挑戦を行うに必要な資源と能力
　　　　　　　　　をそろえる能力である。
　③　複製可能性：成功企業から模倣した資源と能力を使う力量である。

　成功企業の中核的な卓越した競争力（core distinctive competence）が，明確に表現することができて簡単に伝達できる知識（形式知）から生じたものであれば，これを競合企業が学んで模倣することはやさしい。これに対して従業員の経験または企業文化に深く根ざしていることから伝達が容易ではない知識（暗黙知）であると，競合他社による模倣が困難であり持続的な競争優位を維持できる可能性が大きい。

　特許権，ブランド名，または暗黙知によって保護されている場合は，持続的な競争優位をもたらすので，卓越した競争力（distinctive competence）となる。

　容易に複製できる概念や，既知の科学技術の知識に基づいている場合は，容易に模倣される危険性に直面している。商品化のリードタイムが極めて短期間で早期に市場シェアを獲得してしまうようなケースを除いて，持続可能な競争優位を保てない。

　競争優位の持続可能性は，経営資源と能力に，①耐久性がある，②模倣可能性の少なさ（透明性が無い，移転可能性，複製可能性が難しい）の程度に応じて知ることができる。

　企業は，競争優位の持続可能性を高めるために，模倣可能性を少なくするよ

うに，①透明性を無くす，②移転可能性を低める，そして③複製可能性が難し
くなるような対策を行っている。

　透明性が低い例として，組織独自の知識やノウハウが内部で融合され，時間
をかけて形成される企業文化などの知識・情報資源が競争優位となっている場
合は無形資産であり，外部からみると，何を模倣したらよいのかわからない。
模倣をする対象がわかったとしても，さまざまな知識・情報資源が複雑に組み
合わさることで競争優位となっている場合は，複雑で把握できない。意図的に
ノウハウをブラックボックス化している企業は多い。革新的な生産技術の場合，
特許とすると公開の必要があり，模倣されることを嫌って，社内だけのノウハ
ウとして他社からはブラックボックス化するような事例も多い。

　移転可能性が難しくなる例として，模倣するのにコストや時間がかかる場合
がある。競合他社にとって模倣をする対象がわかっていても，資源を保有する
企業よりも高いコストを支払わなければその資源を獲得できないとき，あるい
はその資源の獲得に長い時間がかかるときは，コスト差や時間がそのまま競争
力の差につながる。

　複製可能性が難しい例は，競争優位となっている経営資源の性質が模倣する
ことが難しい場合である。たとえば，競合他社が自らの事情で模倣できない場
合がある。模倣することが，競合他社にとって自社の企業文化を否定するよう
なときは今までの強みを無効にしてしまうので，たとえ能力的には模倣できて
もその決断をするのが難しい。

5.4　価値連鎖の分析

　組織分析を始めるためによく用いられる方法は，企業の製品が価値連鎖の全
体のなかで，どの場所に位置しているかを確認することである。価値連鎖とは，
供給業者によってもち込まれる原料・材料から，製品（または，サービス）の生
産とマーケティングなど一連の付加価値活動を経て，流通業者が最終消費者の
手に最終製品を引き渡すことによって終結する価値創造活動の組み合わせと連
結である。産業および企業の価値連鎖を以下に説明する。

5.4.1　産業価値連鎖の分析

　産業の価値連鎖は，原材料から製品までの流れに応じて，上流，中流，下流部分の各セグメントに分かれる。セグメントごとに個々の競争優位があり，上流から下流までの間で価値連鎖が産業内で連続している。産業の価値連鎖を分析することで，企業が活動している産業の優位性を理解することができる。

　たとえば石油産業の上流は，油田探索，採掘，製油所への原油搬送であり，中流は製油所での原油の精製，消費地への精製油（ガソリン，灯油，軽油，重油など）の輸送，そして下流は流通業者（石油元売業）や小売りガソリンスタンドへのマーケティングである。メジャーの大手石油会社はこれらの機能をすべてもつ完全統合型であるが，個々の価値連鎖分野によって得意分野の程度に違いがある。なお，日本における海外メジャー系石油会社は，かつては中流の石油精製と下流の石油元売りの部分を担当していたが，メジャーは日本市場から撤退している。

　個々のセグメントでの価値創造が連鎖している状態といえるが，個々のセグメントごとに，得意分野の程度に違いがあるとともに，価値創造の大きさが異なっており利益率は異なる。ある企業が，産業連鎖全体の上・中・下流にわたって操業していても，企業の重心（主要な活動領域）はこの企業にとって最も重要な連鎖部分であって，最大の経営資源（専門性）と能力（組織の対応能力）がそろっている，すなわちコア・コンピタンスをもっている領域である。

　ガルブレイス（Galbraith 1991）によると，企業の重心はその企業の創業時の領域であることが多い。企業が創業時の領域において競争優位を得ることによって成功すると，コスト削減，重要な原料の確保，あるいは流通の確保を求めて価値連鎖の上・下流へ事業領域を広げていく。これを垂直統合と呼ぶ。

図表5－3　製造業の代表的な価値連鎖

原料 → 第1次製造 → 加工 → 製品製造業者 → 流通業者 → 小売業者

5.4.2 企業の価値連鎖分析

　各企業は企業組織内に価値連鎖をもっていて，個々の価値連鎖活動を体系的に分析すると企業の強みと弱みが良く理解できる。ここでは，ポーターの価値連鎖を説明し，価値連鎖の分析方法について述べる。

（1）ポーターの価値連鎖

　ポーターによる企業の価値連鎖を，図表5−4に示す。企業の活動には，主要な活動と，支援活動がある。

図表5−4　ポーターによる企業の価値連鎖（図表2−3の再掲）

支援活動	全般管理（インフラストラクチャー）					マージン
	人事・労務管理					
	技術開発					
	調達活動					
	購買物流	生　産	出荷物流	販売・マーケティング	サービス	

主　活　動

出所：Porter［1980］.

　主要な活動には，入荷物流（原料の荷扱い，保管）に始まり，製品が生産される操業プロセスを経て，出貨物流（保管，流通），マーケティングと販売に引き継がれ，サービス（据付，修理，部品販売）で終わるとしている。

　支援活動は，主要な価値連鎖活動の効果的かつ効率的な運営を確保するためのものであり，調達（購買），技術開発（R＆D），人的資源管理，企業のインフラストラクチャー（経理，財務，戦略計画立案）などがある。

　なお，企業の製品ラインの1つ1つが独自の価値連鎖をもっていて，企業全体としては価値連鎖の集合である。図は製造業を想定して表記されているが，企業によっては，図の一部を企業の事業範囲としている場合もある。

（2）企業の価値連鎖

　企業の価値連鎖についての分析は次の3段階から成る。

第1段階：製品（もしくは，サービス）の生産に関する多岐にわたる活動について，各製品ラインの価値連鎖を調べる。

　どの活動が強みで，どれが弱みか。強みのなかで，どれが，競争優位をもたらし，ディスティンクティブ・コンピタンスであるのか。

第2段階：各製品ラインの価値連鎖におけるリンクを調べる。

　リンクとはある価値活動が行われる方法と，他の活動に要する実行コストとの間の相互の結びつきである。

第3段階：異なった製品ラインまたは異なった事業部門の価値連鎖間で潜在的なシナジーがないか調べる。

5.5　職能からみた経営資源

　企業の価値連鎖の分析を行うにあたって，わかりやすい方法は，職能別部門ごとに潜在的な強みと弱みを見つけることである。

　職能別の部門が保有する経営資源には各部門のヒト（人的資産），モノ（物資，設備），カネ（財務）のみならず，各々の職能上で必要な目的，戦略，方針を策定し，実行する各分野の能力（知識・情報）が含まれる。各部門の価値連鎖を知るために，まず組織の基本構造と企業文化について以下に議論する。

5.5.1　組織の基本構造

　組織構造の形態は個々の企業によって工夫がこらされているが，基本的な構造がある。図表5-5は，3つの基本的な組織構造を示している。この他に，生産部門をさらに細分化して工程別の組織とする場合や販売部門をさらに分けたり，顧客の地域によって，また，民間と官需に分けることが行われている。なおコングロマリット構造は，事業部構造の変型なので，第4の構造として示していない。一般的に企業の構造はそれぞれ特定の全社戦略を支援する形に構成されている。

図表 5 - 5 　組織の基本構造

Ⅰ. 単 　純

Ⅱ. 職能別

Ⅲ. 事業部別

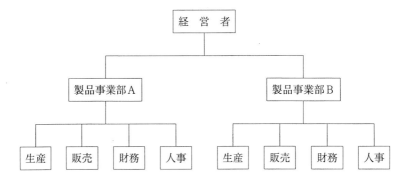

（1）単純構造

　小企業やベンチャー企業にみられる。経営者も従業員も何でもこなす。製品
ラインが少なくて状況が容易に把握できる場合に向いている。

（2）職能別構造

　商品の数が増えても１つの産業内に属する中規模の企業にみられる。企業に
おける生産，マーケティング，財務，人事，経理といったように職能に応じた

能力を従業員はもっている。

（3）事業部構造

　複数の産業にまたがる多くの製品ラインをもつ大企業にみられる。従業員は製品・市場別に組織された職能別専門知識をもつことが多い。

（4）戦略事業単位（SBU）

　事業部構造の変型版である。戦略事業単位は，職能別部門についてその経営担当者に責任と権限が与えられた独立の製品市場セグメントから成る事業部（または，グループ）である。SBUはどのような規模またはレベルでも構成できるが，①独自のミッション，②特定可能な競争相手，③重点的市場，④事業支配機能をもつ。この考え方は規模，製品の性格，または管理上のスパンではなく，戦略要素に基づいて分権化して，あたかも１つの企業と同じような機能をもつ。

（5）コングロマリット構造

　相互に関連性がない複数の産業において多くの製品ラインをもつ大企業にみられる。事業部構造の変型ともいえるが，コングロマリット構造は独立した会社（子会社）の集合体で，個々の子会社は１つの企業（持ち株会社）の下で活動しているが個々の取締役会に支配されている。子会社は相互間に関連性が無く，子会社間のシナジーは得られないことが多い。

（6）進歩型構造（マトリックス型，ネットワーク型，プロジェクトチーム等）

　既存の組織構造では戦略が実行不可能な場合，企業の基本的構造では戦略支援が難しい場合，組織構造を根本的に見直す必要がある場合などに用いられる。

5.5.2　企業文化

　企業にはその組織としての業務のやり方があり，これは企業文化に由来する。企業文化は企業の構成員が長年にわたって習得し共有する信念，期待，価値であり，世代から世代へ伝達される。企業文化は一般に創始者の価値観と企業のミッションを反映する。それは企業に一体感を与える効果は大きい。従業員が何の疑問も抱かず習慣的に行うものであり，非公式な仕事上の規則も含まれる。

この労働慣行は時間が経つにつれて企業の絶対的な伝統の一部になる。

　企業文化は，①強度と②統合という2つの特性をもっている。企業文化の強度とはグループのメンバーがそのグループに関連する規範，価値，その他の文化内容を受容する程度であり，企業文化の深みを表す。特定の価値を推進する強力な規範をもった企業は強烈な企業文化をもつが，新しい（または，成長期の）企業における企業文化は弱い。強烈な企業文化をもつ企業の従業員は首尾一貫した行動を示す傾向にあり誰もが同じような行動をとる。

　企業文化の統合とは，組織全体にわたって各グループが1つの共通の価値を共有する範囲であり，文化の幅といえる。企業文化が広範に及ぶ組織は，軍隊のように階層制によって管理され，権威志向が強く，極めて統合された企業文化をもっている。全従業員が同じ価値と規範をもつ。これに対して，多様性のある職能単位または事業部の機構をもつ企業は，企業文化とは別のその組織特有の文化をもっている。

　企業文化は組織のなかでいくつかの重要な機能を果たす。

①　従業員に一体感を与える。

②　従業員たちにより大きなコミットメントを引出すのに役立つ。

③　社会制度として組織の安定性を増す。

④　従業員が組織活動を理解するために用いたり，適切な行動指針として用いる基準の役目をはたす。

⑤　企業文化は企業内の人々の行動を決定する。

　こうした企業文化は，企業内では，多くの階層の人々の行動に強力な影響を与えるので，企業が戦略の方向を転換する能力にも大きな影響を与える可能性がある。強力な企業文化は生命力を発揮させるだけでなく，優れた競争優位の基盤を作り出すことになる。たとえば絶えまない革新を強調する企業文化は，企業が変化の激しさに適応するのに役立つ。

　企業の競争意欲が組織の文化に組み込まれると，それは暗黙知を形成し，競合他社の模倣を非常に困難にさせることもある。

　ミッション，目的，戦略，または方針などの変更は，もしそれがすでに企業

に定着している企業文化に反するものである場合は，成功の可能性は少ない。従業員が企業の基本項目の急激な変更に抵抗する結果，非協力的な態度を見せたり，妨害行為を行ったりするかもしれない。組織構造と同様に，組織の文化が新たな戦略と両立するなら，それは内部的な強みになる。しかし，企業文化が提案された戦略と相容れないなら，それは深刻な弱みとなる。

5.6　職能別の活動ごとの課題

　企業の強み，弱みを分析するにあたり，職能別の活動がもつ一般的な課題は，チェック項目ともなるので，これらを以下に紹介する。

5.6.1　戦略マーケティング

　マーケティングは顧客や競争相手との接点となり，ここでは，①マーケット・ポジションとマーケット・セグメンテーション，②マーケティング・ミックス，③製品のライフ・サイクルを紹介する。

（1）マーケット・ポジションとマーケット・セグメンテーション

　マーケット・ポジションは，対象とする市場，製品，地理的立地を特定することを意味する。市場細分化（マーケット・セグメンテーション）は，対象とする市場に向けて，開発すべき新製品のタイプを特定することである。

（2）マーケティング・ミックス

　マーケティング・ミックスは，製品（Product），場所（Place），販売促進（Promotion），価格（Price）であり，マッカーシーの４Pといわれる。需要を喚起し，競争優位を得るために，企業が自らで可変できる要因の組み合わせである。

（3）製品のライフ・サイクル

　製品について最も有益な概念はライフ・サイクルである（第3章参照）。製品のライフ・サイクルにおける状況から特定の製品またはサービスのマーケティ

ング・ミックスを検討することができる。

5.6.2　財　　務

　企業の財務諸表から得られる財務データから，企業の収益性，成長性，そして安定性などの経営指標として計算できる。ここでは，そのほかに注目すべき財務に対する考え方を紹介する。

（1）財務レバレッジ

　企業の目的，戦略，方針にとって，短期および長期の負債の組み合わせをどうするかは重要なものとなる。財務レバレッジの概念は，「資産総額に対する負債の比率」で示され，株主配当を増すために負債がどのように利用されたかを説明するのに役立つ。

（2）資本予算

　資本予算とは，土地，建物，設備などの固定資産に対する投資を，個々の投資に対する追加支出と追加収入という観点で分析，評価することである。

　なお，企業は，個々の投資プロジェクト案件に対して，たとえば投資回収期間，資本利益率，損益分岐に達する期間などを，期待収益率（hurdle rate）として定めておき，投資の実施の可否評価を行っている。

5.6.3　研究開発（R＆D）

　研究開発は，製造業の企業の競争優位の根源であり，企業で使用すべき新技術の選択と組み合わせ（R＆Dミックス），新製品や新プロセスに具体化，研究開発資源を配備することが行われている。

（1）R＆Dミックス

　製造業の大企業では，研究開発部門として，基礎研究，製品・プロセス開発などの組み合わせを行っている。組み合わせのバランスをR＆Dミックスとい

うが，産業，企業，製品ラインによって異なる。検討中の戦略案や個々の製品のライフ・サイクルに対して適切な組み合わせを考慮すべきである。

（2）研究開発の力量の把握

基礎的研究開発：シーズ研究が中心。特許と研究論文の件数で評価できる。

製品研究開発：製品改良またはパッケージの改善など。

　新製品の数，過去5年間の新製品が全売上高と利益に占める比率で評価。

エンジニアリング開発：品質管理，設計仕様の開発，生産設備の改善。

　生産コストの削減と不良率で評価。

（3）技術の不連続性が戦略に与える影響

現在の技術をやめる時期，新技術を開発し導入すべき時期を決めなければならない。

（4）R＆D強度

企業の総売上に対するR＆D支出の比率を，R＆D強度（研究開発比率）というが，産業によって異なる。

5.6.4　生　　産

生産部門では，⑴生産方式，⑵生産とコスト特性（弾力性），⑶規模の経済，⑷経験曲線，⑸習熟曲線が議論されるが，第2章の説明を参照されたい。

5.6.5　人的資源管理（HRM）

人的資源管理では，個人と職務の組み合わせを改善するとともに，雇用している人材の職種や技能を掌握し，従業員が業務を遂行する技能を保有するか否かを常に確認しておく必要がある。このことにより，適切な従業員の選定，評価，訓練と賃金・給与管理制度の開発などができる。ここでは，チームの利用，労使関係と臨時雇用者，労働生活の質と人間の多様性について紹介する。

（1）チームの利用

　従業員を弾力的に利用するには，パートタイム就労，ジョブ・シェアリング，フレックス・タイム，長期休暇，契約就労などのほかに，最近は就労オプションによりチームの適正な利用法がはかられている。

（2）労使関係と臨時雇用者

　労働組合がある場合，組合との協調が必要であるが，国・地域により特徴がある。日本の組合は個々の企業と結びついていて経営者に比較的協力的である。米国や欧州の組合は職種別の組合が通常である。欧州の組合は，ドイツを除き，政治色が強く，効率性の向上，経営者と協力には関心を示さずストライキに発生することもある。

　臨時雇用者は，業務の量に応じて増減が可能であるが，情報や知識の蓄積といった面では難しい。

（3）労働生活の質と人間の多様性

　労働生活の質という考え方は労働の人間的な側面を重視しており，①参加型問題解決法の導入，②作業の再構成，③創意工夫に対する報奨制度の導入，④作業環境の改善などが行われてきている。

　人の多様性とは，人種，文化，経歴の異なる人々から成る職場の混合構成を指す。人は他国の他企業に行くのをそれほど喜ばない。これは先進工業国で操業している企業に残されている唯一の長期的資源は，優秀な技能に恵まれた人的資源の分野であるといえる。

5.6.6　情報技術システム

　情報技術システムは企業活動に対して4つの貢献があり，これを紹介することが，個々の企業における情報技術システムの強みと弱みの検討に役立つ。

　第1の貢献は，1970年代に大型コンピュータによって始まったが，給与計算，人的資源の記録，売掛金と買掛金などの間接部門の既存の事務の自動化および

膨大なデータベースの構築への貢献である。主にコスト削減である。

　第 2 は，1980年代に始まったが，ワードプロセッサーと表計算のソフトウェアをもったパソコンを使用することによって顧客履歴の作成や経費計算などの個人作業を自動化することへの貢献であった。企業のデータベースにアクセスすれば，分析したり，戦略シナリオを作ったりするのに十分な資料が得られる。主にコストの削減に重点を置くものといえる。

　第 3 は，1990年代に始まったが，マーケティングや生産などの重要な事業機能の強化に使われ，生産性向上に重点を置くものである。顧客支援や流通および物流支援を提供するものであった。

　第 4 は，2000年に始まったが，競争優位を発展させるために使われることである。たとえば，サプライチェーン・マネジメント，電子商取引，ノレッジマネジメントなど事業の機会の活用に用いられている。

5.7　ま　と　め

　本章では，環境分析のうち，組織内部の分析を紹介した。経営資源は企業組織がいかなる競争力をもっているかであり，それにより競争優位の特性も定まる。経営資源の評価方法には，バーニーのVRIOやグラントの 5 段階などが提唱されており，企業においても活用されている。ポーターによる価値連鎖の概念も活用されている。具体的な分析においては，企業組織を各職能ごとに分析することが行われている。また，企業文化からの影響も重要である。

　次章以降では，事業・職層・全社戦略のレベルに応じて，順次，議論していく。

【参考文献】

Barney, J.B. *Gaining and Sustaining Competitive Advantage*, MA: Addison-Wesley, 1997.

Galbraith J.R., "Strategy and organization Planning," in *The Strategy Process: Concepts, Contexts, and Cases*, 2nd ed. By Mintberg and B. Quinn, NJ: Prentice Hall, 1991, pp.315-324.

Grant, R.M., "The Resource-Based Theory of Competitive Advantage: Implications for Strategy Formation," *California Management review*, Spring 1991, pp.145-164.

McCarthy E. Jerome and William D. Perreault Jr, *Essentials of Marketing*, 6th Irwin, 1993.

第 6 章　事業戦略

　　事業戦略とは，企業（または，事業部門）がその対象とする特定の産業または市場セグメント内で製品またはサービスの競争ポジションを改善することにその関心を集中させることである。事業戦略の課題はその業界内で企業（または，事業部門）は競争すべきか，あるいは協調すべきであるかということにある。

　　事業戦略には，競争と，協調のいずれかの戦略があり，その両方の組み合わせの場合もある。

　　競争の戦略は，優位性を求めて競合者と闘うものであり，低コスト，差別化，集中の戦略がある。低コスト戦略は，ある製品について，その設計・生産・マーケティングを競合他社の同様な製品に比べて，より効率的に行うことである。差別化戦略は，製品の質，性能，アフターサービスの点で買い手にユニークで優れた価値を与えることである。さらに集中は，需要は大きくないが，収益性の良い市場セグメントに専念することである。協調は，他の競合者に対して優位性を得るために１社以上の競合者と協力することをいう。

　　本章では，このような事業戦略について，ポーターの包括戦略を中心に議論する。

6.1　競争の戦略

　マイケル・ポーター（Porter, M. E. 1980, 1985）は，特定の産業内で，他の企業を凌駕する業績をあげるためには「包括的（generic）競争戦略」，すなわち「低コスト」と「差別化」を提唱している。包括的と呼ばれる理由はどのような形態または規模の企業，あるいは非営利組織にでも実行可能だからである。

　ポーターは，さらに，産業における企業の競争優位はその競争範囲，すなわち企業（または，事業部門）の目標とする市場の広がりによって決められると述べている。包括的競争戦略（低コストまたは差別化）のいずれか１つを用いる前に，企業（または，事業部門）は，生産する製品の範囲，採用する流通チャネル，対象とする買い手のタイプ，販売地域，競争を生じる関連産業を選択しなければならない。この選択はその企業の経営資源をよく理解した上で，それを活用すべきである。

　簡単に言うと，企業（または，事業部門）は広範な目標を選択する（すなわち，大市場の中心を狙う）か，それとも狭小な目標を選ぶ（すなわち，ニッチ市場を狙う）かである。

図表6-1　ポーターの包括的競争戦略

競争優位

		低コスト	差別化
競争範囲の対象	広範な目標	コスト・リーダーシップ	差別化
	狭小な目標	コスト集中	差別化集中

出所：Porter［1980］.

　この2種類のターゲット市場と2つの競争戦略を組み合わせると，包括的戦略の4つの型として，図表6-1のように表現される。広範な大市場を目標とする場合に，それぞれ「コスト・リーダーシップ」と「差別化」と呼ばれる。

　広範な戦略をとる老舗企業は狭小な市場を対象とする企業に比べてROA（return on asset：資産収益率）では勝っている。新興の起業家型企業は広範な戦略よりも狭小な戦略をとったほうが生き残りのチャンスが大きい。

　長期にわたって平均以上の業績を上げられる土台となるのが，持続力のある競争優位であり，基本的な競争優位のタイプは，低コストか差別化のいずれかである。この2つの競争優位のタイプが，それを達成するために選ばれる行動の種類と結びついて，①コスト・リーダーシップ，②差別化，③集中（このなかには，コスト集中と差別集中の2つがある）の3つの基本戦略が考えられる。コスト・リーダーシップ戦略と差別化戦略は，産業のセグメント（対象とする地域・顧客層・製品群など）を広くとって，そこで競争優位を確保しようとするものであるのに対して，集中戦略は，狭いセグメントにおいて，コスト優位（コスト集中）と差別化（差別化集中）をねらうものである。

（1）コスト・リーダーシップ

　競合する他社より低コストを実現し，業界内における販売価格の設定で，コスト・リーダーになって，競争優位を確立する戦略である。コスト・リーダーシップは，大規模な市場を対象にした低コストの競争戦略であり，「①効率的な規模の設備，②習熟によるコスト削減の積極的追求，③厳しいコスト・経費管理，④顧客への信用販売の回避，⑤R＆D・サービス・販売・広告といった分野でのコストの極小化などの攻撃的な構造」を必要とする。コスト・リーダーは，コストが低いおかげで，競合他社よりも低い価格で製品を販売して，それでも満足すべき利益を得ることができる。また，低コスト・ポジションを維持していることは，企業（または，事業部門）にとって競争相手に対する防衛策となる。コストが低いおかげで競争が激烈なときにも引き続き利益をあげることができる。マーケット・シェアが高いということは，大量に原料・材料を購入するので，供給業者に対して交渉力が大きいことを意味している。コスト・リーダーのコスト優位性に匹敵する低価格を提示できる新規参入者はほとんどいないので，参入障壁の役割も果たす。この結果コスト・リーダーは平均以上の投

資収益をあげることが多い。

　コスト・リーダーシップを実現することで，同一価格で製品やサービスを提供すれば，競合する他社より大きな利益を得ることができる。また，市場占有率の維持や拡大についても，他社より低い価格の設定が可能なため実現が容易となる。コスト・リーダーシップの創造には，規模の経済と経験曲線の原理を生かすことが多い。すなわち，規模の拡大が単位当たりのコストを低減させることができ，また，累積生産量が増大することに従い，コストが相対的に減少することができるという経験曲線の原理である。

　低コストの実現は，大量生産システムの導入のほかに，フルライン生産を行うことでも，単位当たりの間接費の削減が可能になる。ロボットやコンピュータを積極的に導入した生産方式の確立によって，多品種少量生産を行いながらも生産費削減に寄与することが可能になったのはこの好例であろう。

　また，コスト・リーダーシップは，生産費だけでなく，販売費，物流費，管理費などの低減によっても実現できる。

　たとえば，在庫を極小化するために開発されたJIT（ジャストインタイム）の考え方（トヨタのカンバン方式など）は，自動車メーカーが低コストを実現し，世界市場での競争優位を確立できた大きな要因といえよう。

　しかし，コスト・リーダーであっても差別化の原理を無視することができない。もし，競合他社と比較して顧客にとって魅力的な製品が提供できないとしたら，コスト・リーダーはさらに他社以上に価格を下げざるを得なくなる。したがって，「コスト・リーダーは，競争相手と同等の地位を維持するためにも差別化戦略を実施する必要がある」とポーターは指摘している。

（2）差別化戦略

　企業が競争を行うときには，その競争相手に対して自社の特異性を確立することが重要であり，差別化戦略である。ポーターの言葉でいえば，これは「産業のなかでも特異だと見られる何かを創造しようとする戦略」である。差別化を通じて顧客にその存在を印象づけ，競争に打ち勝つのである。差別化は，広

範なマス・マーケットに狙いを定め，産業全体にわたって独自性があると認められる製品または，サービスを作り出すことを意味する。したがって企業（または，事業部門）はその製品にプレミアムをつけることができる。その独自性は，①デザイン，②ブランド・イメージ，③技術，④性能，⑤顧客サービス，⑥販売やサービスのネットワークなどと特に結びついている。差別化は特定の事業において平均以上の利益を稼ぐには有効な戦略である。それは独自性（ブランドなど上記の①〜⑥）への忠実度や信頼性が高いために，価格が高くても顧客は購入するからである。差別化ができていれば，コストが増加した場合に，価格転嫁によって顧客に負担させることができる。買い手がもつ商品や企業に対する信頼度や忠実度は，参入障壁の役目も果たす。新規参入をしようとする企業は，競争に勝つために何らかの方法で製品を差別化するディスティンクティブ・コンピタンスを開発しなければならないからである。

　差別化戦略は，その参入障壁が比較的に高いので競争が少なく，低コスト戦略に比べて収益性が高いといわれる。一方で，低コスト戦略のほうがマーケット・シェアを増加させる傾向が強い。このように，マーケット全体のシェアと収益性は二律背反（tradeoff）の関係にある。

　差別化のための方法には，さまざまな形が考えられる。たとえば，①製品設計やブランド・イメージの差別化，②テクノロジーの差別化，③製品特長の差別化，④ディーラー・ネットワークの差別化，などである。

　差別化は単にお金を投入すればよいというものではない。いかにして知恵を出して付加価値をその商品やサービスの周りに張りめぐらすかが重要である。

　また，次のマーケティングにおけるマッカーシー（McCarthy）の「4つのP」も差別化の手段としてよく使われている。

① 価　　格（Price）

　差別化の最も基本的な手段であり，とりわけ価格弾力性の高い商品（日用品など）ではこの価格による差別化の効果が鮮明である。

② 製　　品（Products）

　製品のもつ品質や性能によって差別化する方法であり，非価格競争とも呼ば

れる。消費者は価格の高低に対するよりも，むしろその製品のサービスの付加価値に対して高い対価を払う。

③ 立　　地（Place）

特に小売業などではどこに出店するかは極めて重要な差別化の要因である。当該地域で立地の良いところに出店することが重要であるが，流通チャネルや原材料供給先などとの距離もこのPlaceに含まれる。優秀なチャネルや良質な原料を押さえるのが重要となるからである。

④ 販売促進（Promotion）

広告宣伝，販売インセンティブなどの方法である。ファッション商品や化粧品のようなイメージ商品では，強力に作用することが多い。

（3）集中（差別化集中とコスト集中）

集中化戦略は，前述のコスト・リーダーシップや差別化とは異なり，産業内の狭い対象に集中するところにその特色がある。差別化集中とコスト集中は，特定の市場（買い手グループ，製品ライン・セグメント，地理的マーケット）に専念することである。すなわち，これは，すべての面において競争優位をねらうのではなく，あくまで選択された市場セグメントに重点を置く戦略である。集中化戦略は2種類ある。その1つは，「コスト集中」であり，いま1つは，「差別化集中」である。前者は特定のセグメントにおけるコスト優位を求める戦略であり，後者は特定のセグメントでの差別化を求める戦略である。

差別化集中とコスト集中はいずれも特定のセグメントに集中する戦略であるが，ただ単にターゲットとしてのセグメントを狭めることによって戦略的成功をねらうのではなく，特定のセグメント内でのコストのリーダーシップまたは差別化を実現することを通じて戦略的成功を期することが重要である。

集中化を果たした企業は，産業の平均を上回る収益が得られるはずである。集中がうまくいくと，その絞った対象について低コストになるか，差別化に成功するか，または，両者同時に成功できるからである。コスト・リーダーシップ戦略と差別化戦略と同様に，この両者に成功すると，ポーターのいうところ

の産業内の5つの競争要因のそれぞれに対する防衛力ができる。集中戦略は，代替製品の攻勢にいちばん堅固な対象とか，同業者のいちばん弱い対象を選択することもできる。

6.2　競争優位の根源

　企業を単体でみると，競争優位は理解できない。競争優位は，企業が行う設計，生産，マーケティング，配送，および製品の支援といった個々の活動から成り立つのである。これらの活動によって，企業の相対的なコスト・ポジションや差別化が決まる。ポーターは，企業の機能を，主活動（生産，マーケティング，配送など）と支援活動に分類し，それらの結合体である価値連鎖（value chain）を競争優位の決定要因と結びつけることの重要性を強調している。価値連鎖は，企業を戦略的に重要な活動に区分することで，原価動向と既存・潜在的双方の差別化の源泉を理解できる。

　競争優位は時が経つにつれて変化する。競争優位の持続性を損なうさまざまな要因（脅威）が存在するからである。経営上の業績を最大化させ持続させる脅威となるのは，主に①事業の付加価値を脅かす「模倣性」と「代替性」，②付加価値を獲得する能力を脅かす「ホールドアップ」と「スラック」である。

（1）模 倣 性

　模倣性とは，成功をもたらすビジネス・モデルが，さまざまな企業に普及することを指している。競争優位を持続する上で模倣は避けられない脅威とは必ずしも限らない。避けられることもあるし，また実際に避けられてきた。

　模倣障壁を構築する方法としては，①規模の経済・範囲の経済，②学習効果と高い私有情報，③契約と依存関係，④ネットワークの外部性，⑤報復の脅威，⑥タイム・ラグ，⑦戦略上の複雑性，⑧アップグレードなどがある。

（2）代 替 性

　代替性とは，ある製品が他の製品に置き換えられる脅威を指している。代替

110……◎

の脅威に対して，対応策についての障壁を把握しておかねばならない。また，可能性のある対応策の適応範囲を把握しておくことも役に立つ。代替に対する対応策として，攻撃かスイッチングかの二分法でよく表されるが，もっと選択肢を広げてとるべき対応を考慮するほうがよい。

　対応策については，①対応しない，②攻撃，③スイッチング，④再結合，⑤どっちつかずの態度，⑥収穫などである。

（3）ホールドアップ

　ホールドアップとは，文字どおりピストルで相手を脅して手をあげろの意味で，片方が一方的に有利になる状態をいう。

　たとえば，市場の情報を圧倒的に多数保有しているような企業の場合，一手に販売を引き受けようという意識が働き，その市場での販売を考えている企業に対して，有利な条件で販売契約を締結しようとするであろう。一方，独特の技術を基にした製品を製造している企業は，自社に有利な条件で，地域の販売代理店に対して販売権を提供しようとするであろう。

　ホールドアップの問題に対処するためにさまざまな方法が考えられる。たとえば，①契約を結ぶ，②統合，③交渉力の強化，④強力な交渉力の行使，⑤資産特殊性の減少，⑥依存関係の構築，⑦信頼関係の構築，などである。

　一方的で不利な条件（ホールドアップをかけられている状態）から脱却するには，ホールドアップしないことを納得させることである

（4）スラック

　スラックとは，付加価値の獲得を妨げるような組織内部からの脅威を指す。これは，組織が潜在的に獲得しうる価値から実際に獲得した価値を差し引きした差異をいう。

　たとえば，予算の編成過程で，本来ならば達成できるレベルよりも低めに目標を設定することは，担当部門の経営担当者にとって，目標実績の達成が容易であることから，ありがちである。また，必要な費用も多めに計上しがちであ

る。この場合，その企業で効率的に経営活動が行われた場合に達成可能と判断
される収益と，本来であれば水増しされなかった費用との差異が，本来達成さ
れる利益である。しかしながら，管理者が自己の保身のために，かんたんに達
成しうる緩やかな見通しの下で過小計上された収益と差額が利益の実績となる。
この場合，双方の利益額の差額部分がスラックとなり，予算スラックという。

　スラックを阻止する対応策として，①情報の収集，②行動の監視，③業績の
インセンティブの投入，④規範の形成，⑤資源の接合，⑥ガバナンスの改革，
⑦改革のために結集，などがある。

6.3　競争戦略のリスク

　競争戦略だけで成功が保証されるわけではない。競争戦略の１つを実行して
成功した企業のなかにも戦略を持続させることができない企業がある。図表6-
2に示したように，包括的戦略はそれぞれにリスクを抱えている。

図表 6 - 2　包括的競争戦略のリスク

「コスト・リーダーシップ」のリスク	「差別化」のリスク	「集中」のリスク
コスト・リーダーシップを維持できない ・競合他社との価格差が小 ・技術の変化 ・その他のコスト・リーダーシップの基盤の侵食	差別化が維持できない ・競合者との差異が小 ・差別化の基盤が買い手には重要でなくなる	集中戦略が真似される（模倣） 対象セグメントの魅力が構造的に薄れる ・構造の侵食 ・需要の消失
差別近似性の喪失 セグメント内で，コスト集中の戦略をとる他社がより低コストを実現	コスト近似性の喪失 セグメント内で差別化を追求して他社がさらに大きな差別化を達成	広い目標をもつ競合者がセグメントを圧倒する ・セグメント間の相違が縮小 ・広い製品ラインが優位になる 新たに集中を求める他社が産業をさらに細分化する

　たとえば，コスト・リーダーシップ戦略をとっている企業は，差別化を組み合わせてしまうと，コスト・リーダーシップの特徴を喪失してしまうことがある（差別近似性の喪失）。差別化戦略をとっている企業は，品質が高いという理由で設定した価格が競合他社に比べて高くなりすぎないように注意しなければならない。さもないと顧客は特別の品質にも特別の価格の値打ちはないと感じるようになるだろう（コスト近似性の喪失）。

（1）競争戦略の課題

　ポーターは，企業（または，事業部門）は成功するために，先に述べた包括的競争戦略の1つを達成しなければならないと主張している。そのなかで，特に難しいのは狭い目標戦略と広い目標戦略のどちらで活動するかということである。下手をすると企業（または，事業部門）は，競争優位に立てないまま競争の激しい市場で立ち往生し，平均的な業績も得られない状態に陥ってしまう。

　低コストと高度の差別化の両者の達成を試みる企業もある。日本のトヨタ，日産，ホンダはこの包括的戦略の両者を達成することができた例としてよく引き合いに出される。技術の進歩のおかげで，企業は高い品質と高いマーケット・シェアの両者を達成できるような方法を見出し製品（または，サービス）の品質を設計することができるようになり，この結果，コストも下げることができるようになっている。

　ポーターは，企業（または，事業部門）が低コストと差別化を同時に達成することには同意しているが，この状態は一時的なものであることが多いと主張している。しかし，ポーターは，収益性の可能性を秘めた多数の異なった形態の競争戦略が存在することを認めている。大市場でのコスト・リーダーシップ戦略を実行して成功する余地は，支配的なマーケット・シェアを確保することが不可欠との理由で，一般的には一企業に限られる。差別化と集中戦略には，望ましい特性の範囲と見分けがつく市場ニッチの数に左右されるが，無限に近い余地が残されている。ここで，差別化を実現する品質を考えた場合，8つの異なった側面がある（図表6-3参照）。

　ベンチャー企業は集中戦略を採用することが多い。品質とサービスの点で競合他社の製品との差別化に成功する企業は，市場のセグメントにおいて製品の標的を顧客のニーズに絞り，それによってそのセグメントでの支配的シェアを達成するのである。これらの企業は，マーケット・リーダーの報復が正当化されないように，あまりにも小さすぎるマーケット・ニッチにおける機会を追いかけている。

図表6-3　製品のもつ品質：8つの側面

1. 性　能	主たる作動上の特性：洗濯機の洗浄能力など
2. 特　徴	本来の機能を補完する付属品
3. 信頼性	大した整備なしで機能し続ける年数など
4. 適合性	製品が同じように機能：購入ルートにかかわらず同じである
5. 耐久性	顧客が製品に期待する使用可能年数：劣化までの年数など
6. 保守性	修理の容易さ
7. 審美性	外見，手触り，音，味覚，匂い
8. 知覚品質	総合的な評判：品質の計測が難しい場合はとくに重要

（2）産業構造と競争戦略

　ポーターの包括的競争戦略はどの産業でも使えるが，産業構造に影響されることが多い。

　たとえば，中小規模の地場企業が市場全体の比較的小さなシェアを競い合っている細分化型の産業では，集中戦略が優位を占めるであろう。細分化型産業は一般的にライフ・サイクルの初期にある製品に多い。ライフ・サイクルの初期でなくとも，規模の経済性がほとんど得られないなら大企業は現れないだろうが，参入障壁は低いので，小規模の新規参入者が流れ込んでくるだろう。中華料理店，動物の介護，中古車販売などがその例である。

　多くの産業は各企業がばらばらで始まるが，マーケット・シェアをめぐる闘いと地域またはニッチの壁を乗り越えようとする創造的な試みで勝ち抜いた少数の企業がマーケット・シェアを高める。品質や性能の最低基準が製品の標準

として定着すると，競争の重点はこれまで以上に価格とサービスに移ってくる。成長の鈍化，設備過剰，賢明な買い手の3つの条件が重なると，コスト・リーダーシップまたは差別化を成し遂げる企業の能力がマーケットから高く評価される。研究開発は製品開発から生産プロセスの改善に向けられる。全般的に製品の品質は向上し，コストは著しく下がる。

戦略的な集約は，1990年代半ばに細分化型業界を速やかに統合する効率的な方法として米国で開発された。ベンチャー・キャピタルからの資金の支援を受けて，1人の起業家が数百の個人経営の小企業を買収した。こうして生まれた大きな企業は，地域的または全国的なブランドを構築して規模の経済を作り出し，マーケティングと事業運営のすべての面で最良の慣行（best practice）を適用し，また，以前の小企業の雇用者よりはるかに洗練されたマネジャーを雇用している。集約が従来の吸収合併や買収と異なるのは次の3点である。①集約には多数の企業が関与する，②買収される企業は一般的に個人経営である，③目的は漸進的な優位性ではなく，業界全体の改革である。

一度統合されると，業界のコスト・リーダーシップと差別化がさまざまな程度で組み合わされたものになる。企業はもはや低価格だけで高いマーケット・シェアを得ることができなくなる。買い手はより賢明になり，支払い代金に見合う最低限の品質を要求する。高品質を標榜する企業でも同じことである。品質が十分に高く，その高い値段を顧客が評価してくれればよいが，さもなければ価格の安い製品と実質的に競争し得る値段まで価格を下げなければならない（生産コストの低減によって）。このような統合は，自動車，航空，家電産業では世界規模で起きつつある。

後発企業は他社の技術上の利点を模倣し（したがって，R＆D費用を節減できる），新たな市場が形成されるまで待ってリスクを避けることができる。また市場セグメントを無視するという一番手の企業が陥りやすい誤りに付け込むことができる。

図表6－4　包括的競争戦略に必要な要件

包括的戦略	技能・資源の共通要件	組織の共通要件
コスト・リーダーシップ	・持続的な資本投資と資本の調達可能性 ・プロセス・エンジニアリング技術 ・労働力に対する厳しい監督 ・生産を簡略化する製品設計 ・低コストの流通システム	・厳しいコスト管理 ・頻繁・詳細な管理レポート ・体系的組織と責任 ・厳しい数量目標の達成に基づく奨励策
差別化	・強力なマーケティング能力 ・製品エンジニアリング ・創造力に恵まれた才能 ・強力な基礎研究能力 ・企業の品質または技術的リーダーシップに関する評判 ・業界における長い伝統または他の事業から得られた技能の独自な組み合わせ ・流通チャネルからの力強い協力	・R＆D，製品開発，マーケティングの各職能別部門間の強力な協調 ・数量的指標に代わる主観的判定と奨励策 ・高度技能労働者，科学者，創造力ある人材を引き付ける快適な職場
集中	・特定の戦略標的に向けられた上記方針の組み合わせ	・特定の戦略標的に向けられた上記方針の組み合わせ

6.4　戦略と戦術の選定

　自社にとって，どの競争戦略が最良なのかという問いかけが重要であり，企業（または，事業部門）に対するポーターの包括的競争戦略の1つを選択する前に，経営者は企業（または，事業部門）の資源と能力（capability）の観点からその実現可能性を評価しなければならない。また，具体的な戦略計画を検討する上で，戦術を選定しておく必要がある。

6.4.1 戦略と戦術

　組織における戦略のうち半分が戦術の拙さによって失敗しているといわれている。戦術は，戦略を具体化する方法を詳細に定めた特定の実行計画である。行動開始の時期と場所が示される。その性格上，戦術は戦略に比べて範囲が狭く，また対象期間が短い。したがって戦術は（方針と同じく），戦略の策定と実行の間を結びつけるものと考えてよい。

　競争戦略の具体化のために利用できる戦術に，①タイミング戦術（時期）と，②市場立地戦術（場所）がある。

① タイミング戦術：競争の時期

　ある新製品（または，サービス）を最初に作り，販売した企業を一番手企業（または，先駆者）と呼ぶ。一番手企業であることの利点は，業界のリーダーとしての評判を確立し，経験曲線の右下がりの曲線をたどって最も早くコストを下げて，コスト・リーダーの座を手に入れ，その製品（または，サービス）の価値を高く評価する買い手から，早めに大きな利益を稼げることである。一番手として成功した企業は，製品の業界標準（デファクト・スタンダード）を設定することが可能である。業界標準を設定した企業は顧客を「固定化」し，さらにその標準に基づく関連の新製品を提供できる。

　マイクロソフトはWindowsオペレーティング・システム用のソフトウエアでこれを実行した。インターネット・ブラウザでも，ネットスケープ（Netscape）は商品化に最初に成功したので，80％以上のシェアを獲得した。しかし，マイクロソフトのWindowsシリーズの圧倒的なシェアのもとでマイクロソフトのInternet Explorer に逆転されてしまった。

　新たな産業（または，外国）へ一番手または二番手として乗り込んだ企業は，後発企業に比べて大きなマーケット・シェアを獲得し，株主の懐も潤している。しかしこれが当てはまるのは，一番手企業が新たな市場を十分に利用し，かつより大きな資源をもった後発企業に対して自社の立場を守りきることができるような豊富な資源をもつ場合に限られる。

② 市場立地戦術：競争の場所

企業（または，事業部門）は競争戦略を攻撃的にも，あるいは防衛的にも実行できる。攻撃的戦術は通常既存の競合他社が確保している市場立地で開始される。防衛的戦術はライバルからの攻撃の可能性に備えて，現在の自社市場において開始される。

6.4.2　攻撃的戦術

競合他社を攻撃するための方法をいくつかあげれば次のとおりである。

（1）正面攻撃

攻撃する企業は競争相手に真っ向からぶつかる。価格から販売促進，流通チャネルに至るまであらゆる分野で競争する。攻撃側は成功するために，より優れた経営資源ばかりでなく，やり遂げる意思をもたなければならない。これは通常非常にお金のかかる戦術で眠れる巨人を目覚めさせ，業界全体の利益を低下させる。

（2）側面作戦

企業は競争相手の強い立場に真正面からぶつかるのではなくて，相手が弱い市場の一部を攻撃することができる。側面攻撃をする企業は，成功するためには辛抱強く，比較的防備の薄いマーケット・ニッチから慎重に拡大していかなければならない。さもなければ既存企業からの報復を招く。

（3）バイパス攻撃

既存の競争相手に直接正面から攻撃するとか，あるいはその側面を突くというのではなく，企業（または，事業部門）はビジネスのルールを変えることも選択できる。この戦術は新種の製品を売り出して既存の企業の製品を不要にすることによって相手の足許から市場を切り崩す試みである。

（4）包囲作戦

　包囲作戦は，通常，正面攻撃または側面作戦から発展していくものだが，攻撃側の企業（または，事業部門）が競争相手を製品または市場のどちらか，あるいはその両方の面で包囲する。包囲をとる場合は，より多くの種類の製品をもち（安いものから高いものまで完全な製品ラインをそろえている），より多くの市場を対象としている（すべての中古市場も支配している）必要がある。

（5）ゲリラ戦

　競争相手に対する継続的かつ大々的に資源を費やして行う攻撃に替えて，企業（または，事業部門）は「ヒット・エンド・ラン」を選択することができる。ゲリラ戦は競争相手が守っているさまざまな市場セグメントに対する小規模な，断続的な攻撃に用いられるという特徴がある。この方法を使えば，新規参入者または小企業でも，大規模で定評のある競争相手に深刻な脅威を与えることなく，報復を招くこともなく，何らかの利益を手に入れることができる。企業（または，事業部門）がゲリラ戦で成功するためには，わずかな利益でも辛抱強く我慢し，既存の競争相手が反応したり，面子を失ったりするまで追い詰めないようにしなければならない。

6.4.3　防衛的戦術

　ポーターによれば，防衛的戦術は攻撃を受ける可能性を少なくし，攻撃を脅威の少ない方向に誘導し，攻撃の強度を軽減させることを目的とする。競争優位それ自体を高めるのではなく，挑戦者に攻撃するほどの魅力はないと思わせることによって，企業（または，事業部門）の競争優位を持続させるのである。この戦術は意図的に短期的な収益性を犠牲にするが長期的な収益性を確保しようというものである。

（1）参入障壁の構造的な嵩上げ

　参入障壁は挑戦者の攻撃の論理的な道を封じる役目を果たす。ポーターによれば，最も重要なものは次のとおりである。

① 　高収益が得られる市場セグメントにはすべてフルラインの製品を用意し，参入地点を塞いでおく。たとえばコカコーラは，競合他社を店の棚から締め出すために，あまり儲からない非炭酸飲料を販売している。

② 　流通業者とは独占契約を締結して，競合者の流通チャネルへの接近を防ぐ。

③ 　買い手に低コストの意識を増やし，切替費用（switching cost）を高くする。

④ 　新ユーザーが飛びつきそうな品目の価格は安くしておくことによって，試し買いをするユーザーの獲得コストを高くする。

⑤ 　単位コストを下げるために規模の経済性を高める。

⑥ 　特許やライセンスで代替技術を排除する。

⑦ 　施設や職員への外部からの接近を制限する。

⑧ 　独占契約を結ぶか，あるいは重要な立地を購入することにより供給業者と提携する。

⑨ 　競合他社に出入りする供給業者を避ける。

⑩ 　政府に安全基準や公害基準または有利な交易政策のような障壁を高くするよう働きかける。

（2）報復への恐怖感を高める

　これは攻撃への報復の恐ろしさを高めるすべての行為である。たとえば経営者は思い切った値下げ，または，競合他社製品の割引クーポンを全部受け取る方針の下に挑戦者の販売促進と競い合うことによって，シェア低下の強力な防衛策にすることができる。こうした攻撃への対抗措置は，防御側の企業（または，事業部門）にとって非常に重要な市場においては特に大切である。

120……◎

（3）攻撃の動機を減少させる

　防衛的戦術の第3番目のタイプは，業界における将来の利益に対する挑戦者の期待を損なわせるものである。サウスウェスト航空のように，企業は意図的に価格を低く抑え，絶えずコスト削減策に投資する戦術をとることができる。価格が低いことによって新規参入者に対する利益のインセンティブがほとんどなくなってしまう。

6.5　協調戦略

　競争戦略と戦術は，産業内で他の企業と闘うことによって競争優位を得るために利用された。しかしこれは，企業（または，事業部門）が業界内で成功裡に競争するために利用できる唯一の事業戦略の選択肢ではない。協調戦略は他の企業と一緒に活動することによって業界内での競争優位を獲得するために利用される。協調戦略の2つの一般的な形態は，⑴談合，そして⑵戦略的提携である。

（1）談　　合

　談合は需要と供給の正常な経済原則を回避するために，生産を減らし，価格を上げるための業界内での企業間の積極的な協力関係である。談合には，企業同士が直接的な交信と交渉を通じて競争する明示的なもの，あるいは非公式な合図のシステムを通じて間接的に協力する暗黙的なものがある。たいていの国ではあからさまな談合は非合法である。

　談合は競合する企業間の直接的な交信なしで，暗黙のうちに行われることがある。バーニー（Barney 1997）によれば，次のような場合には業界における暗黙の談合は成功の確率が高い。それは，①競争企業を特定することができ，その数が少ないこと，②各企業のコストが似通っていること，③1社が「プライス・リーダー」役を引き受けること，④協調を受け入れる共通の業界文化があること，⑤小口注文が頻繁に寄せられるという販売の特徴があること，⑥需要の変動に対応するための手段として大量の在庫と注文残が常態であること，

および⑦新たな競争企業を排除するための参入障壁が高いことである。

　しかし，暗黙の談合も非合法になる可能性もある。

（2）戦略的提携

　戦略的提携は，2社もしくはそれ以上の企業（または，事業部門）がお互いにとって有益な戦略上重要な目的を達成するための協力関係である。

　企業（または，事業部門）はさまざまな理由で提携を結ぶが，次に掲げるのはその例である。

　①　技術，生産能力のいずれか，またはその両方を獲得するため

　②　特定市場へ接近するため

　③　財務リスク軽減のため

　④　政治的リスク低減のため

　⑤　競争優位を達成または確保するため

　企業（または，事業部門）間の協調協定には，弱くて距離をおいた関係から，強力で緊密な関係までさまざまである。提携の形態は，相互扶助コンソーシアムから合弁企業，ライセンス契約から価値連鎖パートナーまで強弱と緊密度に範囲がある。

　戦略的提携はどの形態をとっても不確実性に満ちている。当初提携を行うにあたっては多数の問題を処理しなければならないし，後になれば他の問題も現れる。企業の提携パートナーがその企業にとって今にも，あるいは将来競争相手になり得るという事実をめぐって多くの問題が生じる。ピーター・ロレンジ（Peter Lorange 1997）によれば，どの戦略的提携にとっても頭の痛い問題はいかに企業（または，事業部門）のコア・コンピタンスを失わずに協調するかという点にある。

　「特に先進的な技術が絡んでくると，提携関係にあるパートナーが協調し，戦略ノウハウを隠さずに分かち合うのは難しいが，合弁の成功のためにはそれが不可欠である」と彼はいう。したがって戦略的提携への参加または形成に関心がある企業（または，事業部門）は，図表6－5に掲げる戦略的提携の成功要

因を考慮することが重要になる。

図表6−5　戦略的提携の成功要因

・戦略目的を明確にもつ。

・戦略目的を明確にもつ。
・各パートナーの戦略と提携方法を一体化する。
・すべてのパートナーにとって共通の価値が生まれるようにする。
・矛盾しない目標と補完的なケイパビリティー（能力）をもつ適切なパートナーを見つける。
・パートナーを組むことによって生じそうなリスクを見極め，提携以前にそのリスクを処理する。
・仕事と責任を割り振って，各パートナーがその仕事に精通するようにする。
・企業文化と組織の適合度の違いを最小限にするための協調活動に対する奨励策を設ける。
・目的を明確にし，市場における直接的な競争を回避することによって，パートナー間の対立を最小化する。
・国際的提携では，その管理に当たる者は包括的な文化横断的知識を備える。
・意思の疎通と信頼を維持するために人的資源の交換を行う。個人的なエゴをのさばらせない。
・長期的視野で運営する。将来の成果に対する期待が短期的な対立を最小限にする。
・失敗を成功によって埋め合わせできるように，複数の共同プロジェクトを開発する。
・監視プロセスについて合意する。信頼関係を築き，プロジェクトを目標どおりの軌道に乗せるために，情報を共有する。顧客の反応とサービスに対する苦情を監視する。
・環境の変化と新たな機会に関して，進んで提携関係を再交渉するような柔軟性をもつ。
・パートナーの目的が達せられるか，あるいは提携が失敗したと判断される場合に備えて撤退戦略について合意しておく。

（3）相互扶助コンソーシアム

　相互扶助コンソーシアムは，同じような業界の類似性のある企業の協調関係であって，先端技術開発のような独力で開発するのが非常に高くつく便益を確保するために資源を出し合おうとするものである。

相互扶助コンソーシアムはかなり弱く，隔たった提携関係であって，協調活動は望むが，コア・コンピタンスを分かち合いたくないパートナーにとっては適切な形態である。パートナー間の対話またはコミュニケーションはほとんどない。

たとえば米国のIBMと日本の東芝，ドイツのシーメンスは新世代のコンピューター・チップを開発するためにコンソーシアムを結成した。この提携の一部としてIBMは東芝に，紫外線露光を用いてマイクロチップに極小回路をエッチングする新生産プロセスを開発するのに役立つ化学機械研磨の専門知識を提供した。IBMはその後この新技術を米国の研究施設に移転した。

（4）合　弁

合弁（合弁事業）は，戦略的意図のために2つまたは，それ以上の独立した組織によって形成された協調的事業活動であって，独立した事業体を創設し，各組織の独自性・自主性を保持したまま，各出資パートナーにその株式所有持分，運営責任，財務リスク，報酬を配分するものである。合弁はライセンス契約とともに，協調程度の中間に位置し，1社の技術力と他社の流通チャネルといったような2つの企業（または，事業部門）のケイパビリティ（能力）を必要とする機会を追求するために形成される。

合弁は戦略的提携のうちで最も普及している形態である。往々にして，関係企業が恒久的な法的合併を望まないか，あるいはそれができないことが生じる。合弁は，各パートナーの異なった強みを一時的に組み合わせて双方にとって価値のある成果を達成するものである。

合弁は，完全子会社が財務上および政治法律的に制約できる場合に国際的な事業分野で非常に普及しているが，企業本体が独立性を失わずに協働する重宝な手段である。合弁の弱点には，合弁子会社への支配力の喪失，低収益，パートナーとの対立の可能性，パートナーへの技術移転の可能性などがある。合弁は往々にして暫定的な形態と考えられるが，とりわけ合弁をパートナー間において長期的支配権を握るまでの間，競争上の弱点を是正する手段だと考える企

業にとってはそうである。これも合弁の成功率が低い理由の１つである。当事者双方が均等な事業持分を所有し，成果を得るためにお互いの力に頼り合うような合弁の成功率が高い。

（5）ライセンス契約

　ライセンス契約は，ライセンスをもつ企業が他の国または他のマーケットの他の企業に，ある製品の製造・販売のいずれかまたは両方の権利を供与する契約である。ライセンスを供与された企業は，技術的専門知識の代償として補償金を支払う。その商標またはブランドは良く知られているが，目的の国へ直接に進出する資金が十分ではない多国籍企業にとって，ライセンス契約は極めて有用な戦略である。

　この戦略はまた，目的の国が投資による参入を制限しているか，または禁止している場合にも重要性をもつ。しかし供与された技術能力が供与側の企業の競争相手を生み出すという展開になる危険性はいつも存在する。したがって企業は，たとえ短期的な便宜を意図したものでも，ディスティンクティブ・コンピタンスをライセンス供与してはならない。

（6）価値連鎖パートナーシップ

　価値連鎖パートナーシップは，ある企業（または，事業部門）が重要な供給業者または流通業者と長期的な契約関係を結ぶ強力で緊密な提携である。たとえば米国自動車業界の企業は，購買部品の品質改善のために，供給業者を絞ってより緊密に協調し，製品設計の決定にも業者の関与を増やす方針を決定した。自動車メーカーが以前社内で行っていた活動を，こうした活動を専門とする供給業者に外注しているのである。このようなパートナーシップは，自社製品に使うために新たな技術を取得しようとする企業が用いる方法でもある。

6.6 ま と め

　本章では，主にポーターの競争戦略論をベースに競争戦略をまとめたが，ポーターの競争戦略論は，企業の所属する産業の環境（成長産業なのか衰退産業なのか，業界に魅力があるのかないのかなど）に分析の重点を置いているが，企業自身の力，すなわち企業力そのものについての視点が欠落している。これに対して，他社に対する競争優位の源泉を経験によって培われた能力，すなわち自社独自の経営資源に見出す概念として，中核的な競争力（core competence）や能力（capability）といった新しい概念は，1980年代後半以後脚光を浴びている。このような経営資源に重点を置く一連の研究は，経営戦略論の新潮流であり，リソース・ベースド・ビュー（resource based view：資源ベース視点）と呼ばれている。

　本章では取り上げていないが，競争戦略の分析には，企業の「外部」だけでなく，企業の「内部」からも競争優位をいかに生み出すか，また，企業がいかにして効果的に競争できるかという視点も必要であることはいうまでもない。内部からの分析は，次の第7章の職能組織戦略で触れることとする。

【参考文献】

Barney, J.B., *Gaining and Sustaining Competitive Advantage*, MA: Addison-Wesley, 1997.

McCarthy E., Jerome and William D. Perreault Jr, *Essentials of Marketing*, 6th, Irwin, 1993.

Peter Lorange, "Black-Box Protection of Your Core Competencies in Strategic Alliances," *Corporate Strategies: European Perspectives*, edited by P.W. Beamish and J. P. Killing, CA: The new Lexington Press, 1997.

Porter, M.E., *Competitive Strategy*, The Free Press, 1980. （土岐他訳『競争の戦略』ダイヤモンド社，1982年）

Porter, M.E., *Competitive Advantage*, The Free Press, 1985. （土岐他訳『競争優位の戦略』ダイヤモンド社，1985年）

第7章　職能組織戦略

　職能（もしくは，機能：Functional）組織戦略とは，企業（と事業部門）の目的と戦略を達成するために，職能分野の部門において採用される戦略である。企業全体（または，事業部門）に競争優位をもたせ，ディスティンクティブ・コンピタンス（distinctive competence：卓越した競争力）の開発と育成を行い，活用することを目的とする。

　事業部制をとる企業においては各事業部門が独自の事業戦略をもつが，各事業部門はさらにいくつかの職能部門の組織をもっており，職能部門の方向性は事業部門の戦略によって決定される。

　たとえば高品質による差別化の戦略をとる事業部門は，高品質な商品の供給を行うための職能組織としての体制が必要である。

　一方，事業部門が，「低コスト戦略」をとるのであれば，その事業戦略を支援するために，職能部門でも低コストを目指すことが必要となる。このように，各々の職能組織戦略が必要となる。また，事業戦略が世界の地域ごとに戦略を変えるように，職能組織も地域によって変える必要がある。

　本章では，企業内部の職能組織戦略を中心に議論する。

7.1　コア・ケイパビリティとアウトソーシング

　職能組織戦略が成功するには，職能分野が何らかの競争優位をもっていなければならない。ポーターの戦略論の議論を中心に職能組織の競争優位について議論する。競争優位をもつためには，中核的な能力（コア・ケイパビリティ：core capability）をもち，さらには卓越した競争力（distinctive competence）の存在のもとに構築されていなければならない。中核的な能力と中核的な競争力を活用するにあたり，他の企業と比べたときに上手に実行できる能力のことをいう。中核的な能力と中核的な競争力の双方があって，競合他社よりはるかに優れた競争優位として有効となり，卓越した競争力（distinctive competence）と呼ばれる。

　企業がある職能分野において卓越した競争力（distinctive competence）を保有していなければ，自前の組織として保有する意義は低く，その職能分野はアウトソーシング（out sourcing：外注）の候補だと考えてよい。ここでは，中核的な能力（core capability）認識するのにアウトソーシングの可能性をチェックすることで行う。

　アウトソーシングは，企業組織内で供給していた物（または，サービス）を企業組織外から入手することである。アウトソーシングを行う意味は，企業の卓越した競争力にとって，さほど重要ではない活動をアウトソーシングすることである。重要である場合は，アウトソーシングを行ってはならない。アウトソーシングすることによって，外部にゆだねることになるが，企業はそもそも成功を収める原因であるケイパビリティ（能力）を保有し自ら強化していくことを，アウトソーシングすることによって断念することになり，企業を衰退させる方向に向かう。

　アウトソーシングは，すべての産業と企業において考慮すべきものであるが，特にコスト競争が熾烈な自動車産業のように，世界的な競争に直面する産業にとって重要な問題である。アウトソーシングは戦略的意思決定としての重要性を高めつつあり，効率性，品質向上といった面で重要な方法である。とくに世

界規模で競争する企業は最適な供給元を世界中で探すことになる。

　職能部門戦略の決定する際に戦略立案者は次の2つのことを実行することが求められる。

(1)企業（または，事業部門）のコア・コンピタンスが何かを見極める。

　①　コンピタンスが企業組織内で確実に絶え間なく強化されるようにする。

　②　コンピタンスが自らの競争優位を最良の形で維持できるように管理する。

(2)アウトソーシングの決定は，機能組織の業務が企業の付加価値全体に占める割合，また，その業務が企業または事業部門の競争優位に寄与する可能性の多寡に依存していることに留意する。

　職能分野のコア・コンピタンスについては，次の7.2項で述べるが，アウトソーシングについて，図表7－1を用いてさらに詳しく説明する。

図表7－1　アウトソーシング選択のマトリックス

企業の製品とサービスに対する
業務の付加価値合計

		小さい	大きい
当該業務の競争優位に対する寄与の可能性	大きい	傾斜型垂直的統合：一部は社内で行う	完全な垂直的統合：すべてを社内で行う
	小さい	完全外注：公開市場での購入	完全外注：長期契約で購入

出所：Wheelen and Hunger [2000].

　企業は，競争優位にとって貢献度が少ない職能（または，業務）についてはアウトソーシングを検討すべきである。その業務が企業の製品（または，サービス）の価値の合計に占める割合がごく少なくて，その業務の良質な供給者が大勢いる（市場が成立している）ならば外部から入手する。一方，その業務が企業の製品またはサービスに多大な貢献をしているならば，企業は信頼できる供給業者または流通業者から長期契約で購入すべきである。その業務が企業の競

争優位に寄与する可能性があるなら，その業務（または，機能）の少なくとも一部は自身で行うべきである（傾斜型垂直的統合）。しかしその業務または職能が競争優位だけではなく，製品（または，サービス）の付加価値を著しく高めるのであれば，完全な垂直統合，すなわち自社内の中心的な業務とするべきである。

　アウトソーシングには不都合な面もある。競争力を失った外部の供給業者との長期契約で身動きの取れなくなった企業もある。また，継続的なアウトソーシングをだんだんと積み重ねていくうちに，新しい技術を学び，新たなコア・コンピタンスを開発する企業の能力が徐々に失われてゆくことも多い。

7.2　職能部門ごとのコア・コンピタンスと戦略

7.2.1　マーケティング

　マーケティングは，製品の価格設定，販売，流通を取り扱う。

　企業（または，事業部門）は，「市場開発戦略」として，①市場集中（market saturation）や市場浸透（market penetration）によって現在の製品の既存市場でのシェアの拡大，あるいは②現在の製品の新市場の開拓を行う。

　消費財の大メーカーは，宣伝と販売促進を駆使して製品群のなかで圧倒的なマーケット・シェアを占めるという市場集中・浸透を行うことが多い。これらの企業は，製品ライフ・サイクルを良く理解した上で，目先を変えた「新しく，改良された」製品の開発や，市場に訴える包装などによって製品のライフ・サイクルをほとんど永遠と言ってよいほど長持ちさせる。この種の企業は，世界のある国で成功した商品を他の国の市場にもち込むことによって第2市場での開発戦略を推進している。

　企業（または，事業部門）は，「製品開発戦略」を使って，①既存市場向けに新製品を開発するか，あるいは②新市場向けに新製品を開発することができる。

　マーケティングで重要な戦略として「流通経路（distribution channel）」と「価格設定（pricing）」に関するものがある。

　流通経路の選択として，企業は製品販売のために流通業者やディーラーを起用すべきだろうか，それとも量販店に直接販売すべきだろうか。同時に両方の

130……◎

チャネルを使用することは問題を引き起こす可能性がある。

　新製品の価格設定に際して，２つのうちの１つを採用することができる。新製品の開拓者にとっては，上澄み吸収価格の設定（skim the cream：クリームの上澄みをすくう価格設定）によって，製品が目新しく，競争相手が少ない間は，需要曲線の絶頂時に高価格で人気を得るという機会が得られる。これに対して，浸透価格設定は市場開発を促進する試みで，開拓者にとっては，経験曲線によって他よりも低価格を実現できることから，早めにマーケット・シェアを獲得し，市場を支配する機会を与える。企業（または，事業部門）の目的と戦略に応じて，どちらの選択が望ましいかが決まる。しかし，上澄み吸収価格設定に比べて，浸透価格設定のほうが長期的に利益を得る可能性がある。

　広告と販売促進の面では，企業は「プッシュ」から「プル」にいたるまでのマーケティング戦略を選択することができる。販売促進には流通システムを通じて製品をプッシュ（押し出す）する目的で設定された値引き，販売店での特別サービス，広告助成金などがある。

7.2.2　財　　務

　財務では，戦略の選択肢について，財務上の影響を検討し，また最良な行動計画を見極めるものである。事業戦略を支援するための安い資金コストと柔軟な資金調達能力によって，財務戦略は企業の競争優位に貢献する。

　財務においては，①望ましい「負債資本比率」の達成と，②「キャッシュフロー」を考慮した長期の資金計画という，この２つの間の兼ね合いが中心課題である。

　多くの中小企業では外部との紛糾を避けて，家族（同族）による企業支配体制を維持するために外部からの資金調達をすべて回避しようとする傾向がある。企業にとって長期借入による資金だけが，財務レバレッジとして１株当たりの利益を高め，それによって株価が上がり，企業の全体的価値を高める手段であると考える。負債の水準が高いことは他の企業による乗っ取りを抑止する（企業の魅力が薄れることによって）ばかりでなく，経営者に中核事業への専念を求

めることになりキャッシュフローを改善させる効果があるといえる。

　企業の財務戦略は全社戦略としての多角化の影響を受ける。たとえば株式発行による資本の調達（equity financing）は，既存事業と関連性のある事業への多角化に好まれ，借入れによる資金調達（debt financing）は関連性のない事業への多角化に多用される傾向がある。

　企業買収（M＆A）は，企業外に向かった財政戦略の代表的な財務戦略である。LBO（レバレッジド・バイアウト：Leveraged Buy Out）は，非常に人気のある財務戦略である。LBOにおいては，企業は主として借入れによる資金調達（通常は金融機関からの借入れ）を利用した取引によって企業を買収する。負債は，買収された企業の事業収入またはその企業の資産の売却資金によって返済される。つまり，実際には買収された企業が買収資金を支払っていることになる。LBOを利用した経営者は，レバレッジを使って得た企業の収益性を高く維持する必要があるために多大のプレッシャーを受ける。被買収企業の帳簿上の多額の負債のために，買収した経営者は短期的な事柄にしか目を向けざるを得ないので被買収企業を最終的には衰退させることもある。

　衰退の理由は，①買収側の過大な期待，②ゆとりのすべてを使い尽くしたこと，③経営者が燃え尽きたこと，④戦略経営の欠如などがある。

　財務戦略として最も重要なことは株主への配当の管理である。急速な成長に縁のない企業は，気前のよい配当を継続的に行って株価を維持しなければならない。IT関連産業のように，成長の速い業界では往々にして配当を支払わないことがある。配当に回せる資金を急速な成長に使用したいからである。企業の売上と利益が伸びれば高い株価に反映され，株主が普通株を売れば巨額なキャピタル・ゲインを得ることになる。

7.2.3　研究開発

　研究開発（R&D）戦略は，製品およびプロセスの革新と改良を取り扱う。また異なった形態のR&D（基礎，製品またはプロセス）の組み合わせや，新技術取得の方法（社内での自社開発，戦略的提携を通じての取得）にも対応する。

R&Dの選択には，①革新を先導する技術のリーダー（technology leader）になるのか，それとも②競合他社の製品を模倣する技術の追随者（technology follower）になるのかという2つの選択肢がある。

ポーターは，リーダーか追随者かの選択は，全般的な低価格かあるいは差別化のどちらを達成するかの方法の問題だと考えている（図表7－2参照）。

図表7－2　研究開発戦略と競争優位

	技術リーダー（technology leader）	技術追随者（technology follower）
コスト面での利点	・最低コストの製品の設計の先駆をする ・経験曲線を利用する最初の企業となる ・価値活動の低コスト実行法を創造する	・リーダーが経験から学んだ製品（または，価値活動）のコストをさらに低下する ・模倣によりR&Dコストを削減する
差別化	・買い手の価値を高める独自製品を先駆する ・買い手の価値を高める他の活動を刷新する	・リーダーの経験から学んだ製品または納品システムを買い手の必要性により即応した形で適用する

供給業者と協調して変化する技術に遅れを取らないようにしている企業が増えている。彼らは一企業が社内開発だけで技術競争に立ち向かうことはできないことを理解し始めている。

7.2.4　購　　買

購買は生産機能を遂行するために必要な原料，部品，消耗品の取得を対象とする。基本的な購買の選択肢は，調達先（source）を複数，単一，平行のいずれにするかである。購買側の企業が特定部品を複数の供給業者から調達することを複数ソーシングという。複数ソーシングは，他の購買方法より優れていると考えられてきているが，その理由は，(1) 供給業者が1社の重要購入客をめぐって競争するので購買コストが下がること，(2)一業者が納入できなくても，他の供給業者が納入できるので，部品や消耗品が常に必要なときに入手できる

保証が得られることである。複数ソーシングは購買企業が供給業者との関係を支配できる方法の１つである。供給業者が製品仕様に合致しているという証拠を提出できるかぎり，その業者は購買側の特定部品や消耗品の供給可能先リストに載せられる。残念ながら最低価格を受け入れる一般慣行によって品質が犠牲になることがよくある。

　日本に品質管理の考えたかを植え付けた功労者であるW・エドワード・デミング（W. Edward Deming 2000）は，質の高い供給業者を確保し，それを管理する唯一の方法は単一ソーシングであるとしてこれを強く推奨している。単一ソーシングは特定部品につき一供給業者だけに依存する。デミングは開発の初期段階における製品の品質設計が重要だとして，購買側はすべての段階で供給業者と緊密な共同作業を行うべきだと主張している。これは製品設計のコストと時間の節減だけでなく，品質の改善にもつながるという。これはまた，在庫をもたずに，購買部品が必要なときに工場に到着するというジャストインタイム（JIT）の概念を用いて購買側企業の生産プロセスを簡素化できる。

　購買企業と供給業者が利害の対立する関係ではなく，パートナーとして協調することによって，単一ソーシングは取引コストの削減と品質の向上に貢献する。単一ソーシングによって企業はより少数の供給業者とより長期の関係をもつようになる。しかし単一ソーシングには限界がある。供給業者がある部品を納入できない場合，購買企業は生産を遅らせる以外に方法はない。複数の供給業者をもつほうが，新たな技術や性能面での優れた情報が購買側にもたらされる可能性が大きい。単一ソーシングの限界が平行ソーシングの開発を招く。平行ソーシングでは，２社の供給業者が２種の異なった部品の単一供給者であるが，同時に他の業者の部品の控えの供給業者にもなる。一業者が一度にすべての部品を供給できないとき，他の業者がその穴埋めを要求される。

7.2.5　生　　産
　生産戦略は製品（または，サービス）を，どのように，どこで作るかを決め，生産プロセスの垂直的統合のレベルと物的資源の配備を定める。また企業がそ

の操業プロセスに用いる技術の最適レベルをも取り扱う。

　企業の生産戦略は、「製品のライフ・サイクル」に影響される。製品の売上が増加するにつれて、生産量はロット・サイズが小さいものはジョブショップ（熟練労働を用いる独自な生産）のようなロットから連結バッチ生産方式（部品は標準化され、各機械の機能はジョブショップと変わらないが、部品が加工される順に配置されている）の段階を経て、1年間に10万個以上の大量のロット・サイズのフレキシブル生産システム（多様な大量生産品目を製造するために部品を製品アイテム別にグループ化する方式）や専用トランスファ・ライン（人手をほとんど使わずに1つの大量生産品目を生産する高度なオートメーション組み立てライン）に至るまでの範囲で増加する。この概念によれば、製品は需要の増加と時間の経過とともに標準化されてコモディティー化する。柔軟性よりも効率性が重要となる。

　多くの産業における競争の熾烈さによって、企業は専用トランスファ・ラインを使った伝統的な大量生産戦略を、絶え間なく改良を加える生産戦略に切り替えざるを得なくなった。大量生産システムは、大量の低コストの標準品とサービスを生産するには優れた方法であった。従業員は、官僚的・階層的機構のなかの厳しい監視下で狭い範囲に限定された反復作業を行っていた。しかし品質は往々にしてかなり低いことが多かった。上達するために学ぶのは管理者の特権であり、労働者は割り当てられたことだけを習得することが要求された。このシステムは1970年代までは生産現場では支配的であった。日本企業によって開発された継続的改善の活動下では、権限を与えられた職能横断チームが生産プロセスを改善するために努力して、マネジャーはコーチのようなものになった。成果は大量の低コストの標準品とサービスであったが、その品質は高かった。継続的改善の鍵は、労働者の知識と経験がマネジャーの生産上の問題の解決を助け、製品のばらつきと過ちを減少させることを認めることである。継続的改善によって企業は大量生産企業が採用するのと同様の低コスト戦略を用いて、しかも際立って高度な品質レベルが得られるので、操業戦略としての大量生産方式を駆逐しつつある。

　自動車産業はモジュール生産戦略を実験中であるが、これはあらかじめ組み

立てられた部分組立品を必要な時に組立ライン作業者に引き渡し，その作業者はこのモジュールを完成品に素早く組み立てる方式である。

　究極的には 1 つのサイズですべてに適合するという方式の大量生産に行き着く製品ライフ・サイクルの概念は，ますますマス・カスタマイゼーションという新たな概念の挑戦にさらされている。マス・カスタマイゼーションは常に変化する環境に適切な概念で，顧客が欲しがるものを，欲しがるときに与えられるように，人，プロセス，設備，技術に対して自己変革を要求する。継続的改善とは対照的に，マス・カスタマイゼーションは柔軟性と迅速な対応を要求する。マネジャーは独立した，有能な個人を連携させなければならない。効率的な連携システムが不可欠だからである。その結果は低コスト，高品質，顧客の注文に合わせた製品とサービスである。マス・カスタマイゼーションは製品開発に著しい影響を及ぼす。本当のマス・カスタマイゼーションでは誰も次の顧客の要求するものが正確に何かは知らない。したがって次に企業がどのような製品を開発し，生産するのか誰も見当がつかないのである。次にどんな製品が，どの市場で機会を用意しているのか予想がますます難しくなっていくので，企業が製品について長期的ビジョンを立てるのが難しくなってきている。

7.2.6　物　　流

　物流は生産プロセスとの間の製品の出口と入口での動きを取り扱う。3 つの明らかな潮流があって，それは，①中央集権化，②アウトソーシング，③インターネットの利用である。事業部門間の物流のシナジーを得るために，企業は物流を本部グループに集中し始めている。この集中物流化には通常，鉄道またはトラック輸送のようなさまざまな運送方法の専門的知識をもった専門家スタッフが参加している。彼らは運輸業者から有利な条件を引き出すために全社から輸送貨物業務を集約化している。

　物流のアウトソーシングによってコストを削減し，納期改善に取り組んでいる企業も多い。多くの企業が物流システムの簡素化にインターネットを利用している。

7.2.7　人的資源管理（HRM）

　人的資源管理は，人材の採用，教育などを取り扱う。採用面では，たとえば，①低賃金で反復作業を行い短期間で辞めそうな技能水準の低い従業員を大量に雇う（マクドナルドの戦略）のか，もしくは，②自主管理作業チームに参加するために他部門でも教育を受けた技能の優れた従業員を高給で雇うのか，といった問題を取り扱う。業務の複雑さが増すにつれて，チーム編成がふさわしくなることが多い。とくに，革新的な製品の開発作業においては必要性が高い。

　多国籍企業のなかには本国ばかりではなく，外国の子会社・関連会社においても「自主管理作業チーム制度」を採用しているところが増えている。作業チームの採用が従業員の満足度とコミットメントを高めるだけではなく，品質の改善と生産性の向上につながる。

　最近，パートタイムでしか働かない若い人たちの数が着実に増えている。企業にとってパートタイマーは，健康保険や年金などの福利厚生費を払わなくてもすむので魅力的である。一方で，老齢者は，勤労意欲が高く，若手労働者にはなかなか見つけにくい規律性と勤労習慣をもっている。企業は，多様な労働力をもつことが競争優位に寄与するとの見方をするようになってきている。

7.2.8　情報システム

　情報システムを採用する企業が増えているが，それは企業が事業部門などに競争優位を備えさせるために情報システム技術に目を向けているからである。

　具体例として，企業組織内のデータ共有化，通信コストの削減化などを行っているところが出ている。企業と顧客や供給業者との関係についても，エクストラネットを通じて，より緊密にしようと試みている。

　多国籍企業のなかには，精緻なイントラネットを使って，フォロー・ザ・サン・マネジメント（follow-the-sun management）による業務ができるようにしている。プロジェクト・チームの一員がその仕事を1日の勤務時間が始まる別の国のメンバーに引き継ぐ方法である。これによって夜勤の必要がなくなる。自動翻訳ソフトウエアの開発によって，ある作業者が異なる言語を使用する他

国の同僚とオンライン・コミュニケーションを行うこともできる。

7.3　戦略の選択：最良の戦略の選定方法について

　職能部門ごとのコア・コンピタンスを十分に把握した上で，戦略を検討していく。

　具体的には，可能性のある戦略の選択肢について，賛否両論を明らかにして，評価した後，具体化のための選択をすることが行われている。最良の戦略は，どのようにして決定されるのだろうか。

　最も重要な基準は，先にSWOT分析で発見された特定の戦略要因に対応できる能力がその企業に備わっているかどうかである。もしその選択肢が外部環境から生じる機会および企業の強み（コンピタンス）を活用することなく，環境から生じる脅威および企業の弱みを放置して現状に追従しているようであれば，おそらく失敗するであろう。

　それぞれの選択肢が合意に至った目的を最小限の資源と，副作用を最小限に満足させる能力が企業にあるかどうかである。したがって暫定的な具体化計画を作成して，経営者が直面しそうな困難な問題に対処できる対策案を考慮しておくことが重要である。これらのことを考慮して，最良の戦略の選定を行っていく上での注意点や作業方法について，以下に述べる。

（1）戦略シナリオの作成

　戦略の選定に際しての重要な検討ポイントの1つは，シナリオの作成に基づき，社会的な動向や，業界と会社の状況に照らして行われる。戦略シナリオは，個々の戦略選択肢とそのさまざまなプログラムが事業部と企業の投資収益にもたらすと考えられる影響を予測した「財務諸表の試算（pro forma）」で，貸借対照表，損益計算書，そしてキャッシュフロー計算書の試算である。これは「仮定（what if）」の質問に基づく。

　戦略シナリオは次の手順に従う。ここで推奨するシナリオは，第2章で述べた業界シナリオの単純な延長である。たとえば，市場分析の結果が，特定の国

においてある製品の市場の需要が高まる可能性を暗示したとすると，一連の戦略選択肢のシナリオが作成できる。

すなわち，①その国でその製品をもっている企業を「買収（M＆A）」と，もしくは，②その国で新しい事業体（子会社）を設立するという「更地（green field）からの開発」という2つの選択肢を比較することができるだろう。新製品に対する今後5年間の3種類（楽観的，悲観的，および最も起こり得る）の販売予想金額を用いて，この2つの選択肢を将来の予想財務諸表に反映された将来の企業業績に対する影響という観点から評価するのである。

試算（将来の見積もり）貸借対照表と損益計算書は，Lotus1-2-3またはExcelのようなスプレッド・シートのソフトウエアを使ってパソコン上で作成できる。

（2）リスクに対する経営者の姿勢

特定の戦略選択肢の魅力の1つは，その選択肢に伴うリスクの量との関数関係であろう。リスクはその戦略が効果的かどうかの確率だけではなく，その戦略に企業が割り当てる資産の量およびその資産が他の用途に使えない時間の長さを含むものである。習慣，規制，資源など国によって状況が異なるので，世界的な産業で操業している企業は，1つの国で活動している企業に比べて大きなリスクに対処しなければならない。使う資産の額が大きいほど，そしてそれに供しておく時間が長いほど，トップ・マネジメントは成功の確率が高くなることを要求する傾向にある。株主ではないトップ・マネジャーにとって，自分の職を危険にさらしてまでリスクを伴う決定に関心をもたせることは期待できない。その企業の株を相当数保有しているマネジャーは，保有していないマネジャーに比べてリスクを取る行為を採用する傾向が強い。

際立った技術革新が，大規模な，名前の通った企業ではなく，小さな企業で生まれることが多いのはリスクが原因の1つかもしれない。起業家が経営する小企業は，株主が分散して専門経営者の手で運営されている大企業に比べて，積極的に大きなリスクを取る。あなたが主たる株主で，会社の普通株の株価が時々変化してもかまわないというのと，会社の株主が広範にわたり，株価が下

がり外部からの企業価値の評価が下落するつど，競合他社や買収に飢えた乗っ取りの専門家が鮫のように集まってくるのとでは，事情が大きく異なる。

（3）利害関係者からの圧力

ある戦略選択肢の魅力は，企業の事業環境において重要な利害関係者との間の関係によって影響される。まず，株主は配当を欲しがる。債権者は期限どおりの支払を要求する。組合は労働に見合う賃金と雇用の保障を求める。政府と圧力団体は社会的責任を要求する。最良の選択肢を選ぶ際に，これらすべての圧力に対して何らかの配慮をしなければならない。

利害関係者は，①企業活動に対する関心，そして，②企業活動に及ぼす影響力という観点によって，図表7－3に示した利害関係者優先度マトリックスのように，9つに分類できる。

図表7－3　利害関係者優先度マトリックス

及ぼす影響力／企業活動の関心	力は弱い	力は普通	力は強い
関心が高い	優先度は普通	優先度は高い	優先度は高い
関心は普通	優先度は低い	優先度は普通	優先度は高い
関心は低い	優先度は低い	優先度は低い	優先度は普通

戦略を策定する者は，外部からの圧力を最小限にし，利害関係者からの支持を最大にする戦略選択肢をうまく選択すべきである。さらにトップ・マネジメントは重要な利害関係者に影響を与える政治的戦略を提案できなければならない。

戦略立案者は，ある決定を下す際に利害関係者の重要性を評価するために次の4つの疑問に答えなければならない。

① この決定は利害関係者，特に優先順位が高いか，または普通の関係者に
　 どのような影響を及ぼすか。

② この選択肢によって，利害関係者は自分が望んだことのうちどの程度を

140……◎

入手するだろうか。

③　望んだものが手に入らなければ彼らはどんなことをしそうだろうか。

④　それを実行に移す確率はどの程度だろうか。

（4）企業文化からの圧力

　もし戦略が企業文化と相容れないならば，成功の可能性は非常に少ない。従業員が企業哲学の過激な変化に抵抗して，非協力的な態度を取ったり，サボタージュをしたりする。過去からの前例は目的の本質と戦略を狭い範囲に限定してしまうことがある。創始者の価値観が従業員に根強く植え付けられており「オーラ（aura：霊気）」が死後も長い間漂っていることもある。さらに文化を変えるか，あるいは文化とうまく折合うかのコミットメント（双方ともに微妙で，時間もかかる）なしに戦略を具体化することは危険である。それでもなお文化と完全に両立する戦略だけに限定してしまうと，最も収益性のある選択肢であっても考慮の対象外になってしまうことになる。

　戦略の選択肢を検討するにあたって，戦略策定者は企業文化の圧力に配慮し，企業文化と戦略の融和性を評価しなければならない。融和性がほとんどないようであれば，経営者は次の決定をしなければならない。

①　文化を無視することに賭けてみる。

②　文化とうまく折り合いをつけながら，具体化計画を変更する。

③　戦略に合うように文化を変える。

④　文化に合うように戦略を変える。

（5）中枢経営者の必要性と欲求

　最も魅力的な選択肢であっても，それが重要な経営上層部の必要性や欲求と相反するものであれば，選択されないことがある。個人的な性格や経験は選択肢の魅力の評価に影響する。個人のエゴがある選択肢と結びついて，他の選択肢にはすべて反対するという程度にまで達することもある。その結果，ある中枢経営者が他の経営上層部に特定の選択肢に賛成し，反対の声を無視するよう

に働きかけることもある。

　業界と文化の履歴が戦略の選択にも影響する。たとえば業界との縁が深い経営者はその業界で一般に使われている戦略を選びがちである。他の業界から今の企業に移ってきて，業界外部との縁が深い経営者は，今の業界で現に使われている戦略と異なった戦略を選ぶことが多い。

　国によって経営者は異なった判断と重点の基準をもっているので，同じような状況でも異なった戦略の選択をする傾向にあるといわれている。たとえば韓国の経営者は決定の際に業界の魅力，売上高，マーケット・シェアを重視するが，米国の経営者は需要予測，DCF，ROIを重視する。

　一般的に経営者には，現状維持の傾向がある。客観的な観察者が針路の変更を意思決定者に勧告した時期を過ぎても，現行の目標と計画を続行することを意味する。企業が直面する問題について，経営者は自分の決定が間違っていることを認めず，政府の方針または景気の悪化のような支配の及ばない環境の責任にする利己的な性癖の経営者もいる。経営者は決定した行動計画に関するマイナス情報を無視することがあるが，その理由は経営者自身が有能だと見せたいという欲求，あるいは首尾一貫という価値観に対する硬い信念からである。以前無視または軽視した選択肢を経営者に真剣に検討させるには，危機的状況になるか，予期しなかった事件が発生した場合に限られる。

（6）戦略選択のプロセス

　GMの中興の祖といわれるアルフレッド・スローン（Alfred Sloan 1990）は，経営幹部との会議の席上，問題含みの戦略決議を提案した。意見を求められた各幹部は賛成意見と賞賛で応えた。スローンは全員が明らかに賛成の意見で一致したがこの決議を採択しなかった。経営幹部はこの決議案の潜在的なマイナス面を指摘するに十分な知識をもっていないので，スローンのご機嫌を損ねることを避けて，またはグループの団結を阻害しないように，これに賛成した。この決議の採択は，賛否をめぐって十分に討論が行われるまで延期された。

　戦略の選択は戦略選択肢の評価と最良の戦略案の選定である。組織が動きの

激しい環境に直面しているときには，すべての人が1つの戦略案に合意するコンセンサスでは最良の戦略決定に行き着けないという実例は増えるばかりである。決定に至るためには，相当程度の白熱した反対の声と意見の対立を乗り越えなければならない。世界的な業界で活動している企業にとってはことさらそうである。野放しの対立は非常に感情的な問題をもち越すので，意思決定の権威者は，戦略立案者は「プログラムされた対立」を用いて関係者の個人的感情に関係のないさまざまな意見を提起させるよう提案している。

スローンが見通したようなコンセンサスの落とし穴を避けるために，戦略立案者に役立つ手法が2つある。

① 悪魔の代弁人（Devil's Advocator）

悪魔の代弁人はもともと中世のローマカソリック教会で詐欺師を誤って聖者として列することのないように，確実を期する方法として生まれた。信頼すべき人を1人選んで，彼にある人を列聖してはいけないあらゆる理由を探し出させて，それを説明させた。あらゆる理由がすべて却下されたときに限って聖者として列した。これを戦略的意思決定に応用すると，悪魔の代弁人（個人でもグループでもよい）を任命し，提案された戦略選択肢について落とし穴と問題点を見極めさせて，公式に説明させることになる。

② 弁証法的審議

弁証法哲学は古くはプラトンとアリストテレス，近くはヘーゲルまで遡ることができるが，2つの対立的な見解（「テーゼ」と「アンチテーゼ」）を統合意見に組み立てるものである。これを戦略的意思決定に応用すると，弁証法的審議では検討対象である個々の選択肢について異なる想定を用いて2つの提案の作成が必要となる。それぞれの立場の支持者が意思決定者の前で，自分の主張の利点を説明し，討論した後にどちらか1つの選択肢，または新たな妥協案が実行されるべき戦略として選択される。

特に企業が変動する環境の渦中にあるときには，悪魔の代弁人と弁証法的審議のいずれもがコンセンサスによる意思決定より優れているという結論については一様に支持されている。特定の書式による報告よりは，討論それ自体が建

設的な対立を公式的プロセスとして正当化することによって，また反対意見を
奨励することによって，決定の質を向上させるものと考えられる。この2つの
手法によって想定と勧告の質が改善され，また関係者の批判的な考え方のレベ
ルが向上する。

　一連の多様で独創的な戦略選択肢を作り出すためのもう1つの手法が影の戦
略委員会である。ここでは，戦略の選定に関して，正規の戦略立案グループと
はまったく別の人たちが，あたかも戦略立案グループの人たちが行うのと同様
な検討を行う。

　戦略選択肢の作成プロセスに関係なく，各選択肢は次の4つの基準に合致す
るかどうかの観点から厳しく評価されなければならない。

　① 相互の排他性

どれか1つを実行することは，他の実行を排除することになる。

　② 成　　功

それは実行可能でなければならないし，また成功の可能性が高くなくてはな
らない。

　③ 完 全 性

重要な戦略課題をすべて考慮に入れたものでなくてはならない。

　④ 内部的一貫性

企業全体に対する戦略決定としてそれ自身でつじつまが合っており，現在企
業または事業部門が追求している重要な目標，方針，戦略と矛盾していてはな
らない。

7.4　戦略の選定

7.4.1　回避すべき戦略

　全社戦略，事業戦略または職能部門戦略と考えられるいくつかの戦略のなか
にも危険なものがある。戦略立案における分析が拙いと，あるいは創造力に欠
けていたりすると，次のような落とし穴にはまることがある。

① リーダー企業への追随

リーダー格の競合他社の戦略を模倣するのは良い考えのようだが，それはその企業固有の強みと弱みを無視することになるし，またリーダー企業が間違っていることもあり得る。

② もう1本のホームラン

ある企業が極めて成功した製品の先駆者として成功を収めると，成長と繁栄を保証するもう1つのスーパー製品を追い求めがちになる。競馬で穴馬に賭けるのと同じように，第2の勝ち馬を探し当てることができる確率はごくわずかである。

③ 軍備拡張競争

マーケット・シェアの拡大をめぐって他社と猛烈な闘いをすると，売上は伸びるかもしれないが，その増加分もおそらく広告，販売促進，R&D，製造コストの増加で帳消し以上になってしまうだろう。

④ 何にでも手を出す

いくつか興味のある機会が生じると，経営者はすべてに飛びつく傾向がある。最初のうちは個々のアイデアをプロジェクトとして開発する資源があるが，多くのプロジェクトが資源の大々的な注入を要求し始めると，やがてお金と時間，エネルギーが使い尽くされる。

⑤ 失 敗 者

企業がある戦略に非常に大きな投資をするが，その結果失敗してもトップ・マネジメントは失敗を認めたがらない。撤退するには投資額が大きすぎると考えて，失敗した事業にさらに投資をする。

7.4.2　最良の方針の設定

前項に記したような検討事項や手法を用いて，多くの選択肢のなかから，実現性がある最良の戦略を選択していく。しかし，最良の戦略案の選択によって戦略の策定が終わったわけではない。組織はこれから「方針の設定」に取りかからなければならない。方針は，実行のための広範な指針と定義されている。

方針は選択された戦略から導き出され，組織全体にわたる意思決定と行動の指針となる。

　ゼネラル・エレクトリック（GE）社ではジャック・ウェルチ会長が，すべてのGEの事業部門は競合業界において第1位また第2位にならなければならないという方針を打ち出した。この方針は組織全体のマネジャーにとって明確な指針となった。

　方針はそれを生み出した戦略よりも寿命が永く，個別戦略が終了した後でも長い間残っていることがある。「お客様は常に正しい」とか「研究開発は予算のなかでは最優先」というような一般的な方針は，時間が経つと企業文化の一部になる可能性がある。このような方針は戦略の実行を容易にする。しかし，それはトップ・マネジメントの将来の戦略オプションを限定することにもなりかねない。したがって戦略を変更した場合，直ちに方針も変更しなければならない。方針の管理は企業文化の管理方法の1つでもある。

7.5　ま と め

　本章では，企業がもつ競争優位の根源である職能組織に対して，事業戦略との関係において考えられる事柄について議論した。なお戦略の選定（回避すべき戦略と最良の方針の設定）は，事業戦略，全社戦略にもいえるが，紙数の関係で本章に含めた。次章では，全社戦略を取り扱う。

【参考文献】

Deming, W. Edwards, *The New Economics for Industry, Government, Education*, 2nd Edition, MIT Press, 2000.

Porter, M.E. *Competitive Strategy*, The Free Press, 1980.
　（土岐他訳『競争の戦略』ダイヤモンド社，1982年）

Porter, M.E. *Competitive Advantage*, The Free Press, 1985.
　（土岐他訳『競争優位の戦略』ダイヤモンド社，1985年）

Sloan, Alfred Jr. *My Years with General Motors*, NY: Doubleday, 1990.
　（アルフレッド・P・スローンJr. 著，有賀裕子訳『GMとともに』ダイヤモンド社，2003年）

第8章　全社戦略

　企業全体のレベルの戦略を全社戦略（corporate strategy）という。全社戦略の課題が企業はどの業界に属するべきかであるのに対して，事業戦略では，企業（または，事業部門）は産業内で競争するのか協調するのかということにある。職能組織戦略は，個々の組織における経営資源をどのように生かすかである。

　多角化した企業では，全社戦略は最大価値を目指してさまざまな製品ラインと事業部門を管理することを意味する。各製品または事業部門は，個々の市場で競争優位を獲得するための競争戦略または協調戦略をもっているが，これらの異なった事業戦略を調整して企業全体がまとまりのある形で成功するようにしなければならない。単一製品のみを扱う企業でも，企業全体のまとまりという意味で全社戦略が大きな意味をもつ。

　全社戦略は，企業全体として直面している次の3つの重要課題に対処するものであるといえる。

①　方向性：企業全体の成長，現状維持または縮小に向けての方向づけ

②　ポートフォリオ：企業がもつ各々の製品や事業部門における力の配分

③　育成：製品や事業部門間の活動を調整し資源を分配し対応能力を育てる方法

　本章では，このような検討課題への取り組みとして，全社戦略の①方向性，②ポートフォリオ，③育成について議論する。

8.1　全社戦略の方向性

全社戦略の方向性は，①成長，②現状維持，③縮小の３つに分けられる。

①　成長：企業活動を拡大する。

②　現状維持：現在の企業活動を変更しない。

③　縮小：企業活動のレベルを落とす。

製品または事業部門が事業戦略を立てるように，企業全体として次の３点の疑問に答えながら企業の「方向付け」を決定しなければならない。

①　操業拡大するか，縮小するか，現状維持を続けるのか。

②　現産業内の活動に集中するか，他の業界に向かって多角化すべきなのか。

③　全国的な展開や国際的に発展するにあたり，自社の経営資源だけで行う内部開発か，外部の経営資源を入手できる買収・合併・戦略的提携によるべきか。

企業経営者は，これらのなかからいずれかの方向付けを選び（たとえば，成長戦略），１つの製品ライン・産業内での集中か，他の製品・業界への多角化といった，さらに具体的な企業戦略の選択ができる（図表８−１参照）。これらの戦略は単一の製品で１つの産業において操業している企業にも，また多数の製品ラインを擁して多くの産業で活動している企業にとっても同じくいえる。

図表８−１　全社戦略の方向性

縮小戦略	現状維持戦略	成長戦略
立て直し 専属子会社 売却・撤退 倒産・清算	小休止・徐行 不変 利益	集　中 　垂直的成長 　水平的成長 多角化 　同心円的多角化 　コングロマリット的多角化

全社戦略の方向性として圧倒的に広く採用されているのは，「成長戦略」であり，次項（8.2）に詳しく議論するので，ここでは，「縮小」と「現状維持」

について簡単に説明する。

「縮小」には，①立て直し，②専属子会社，③売却・撤退，④倒産・清算がある。

①　立て直し：業績がさほど悪化していない時期に操業の効率改善を重視し，まず収縮（規模と経費の削減）を試み，事業の整理統合を行うことが多い。

②　専属子会社：販売先確保のため長期契約に基づき大手顧客の専属子会社の状態になる。

③　売却・撤退：自力での事業の継続ができず他社に売却する。多角化している企業が成長性の低い事業部を売却する場合は撤退と呼ぶ。

④　倒産・清算：企業の存続を放棄する場合。

「現状維持」には，①小休止・徐行，②不変，③収益がある。

①　小休止・徐行：実際に一時中断の状態で，成長または縮小を続ける前の休憩の状態である。

②　不変：新しいことは何もせず現在の活動と方針を続行することである。

③　収益：業績が悪化しているのに，部分的な資産の切り売りにより売却益を出し財務内容が良好であるようにみせること。

8.2　成長戦略

全社戦略の方向性として圧倒的に広く採用されているのは，販売，資産，利益，またはその組み合わせによって成長することを目的とした戦略である。市場が成長している場合は，生存のために企業も成長を続けなければならない。成長戦略には現製品ラインによる集中と別の製品による多角化の2つがある。

8.2.1　集中による成長

企業のある製品に成長潜在力があるなら，その製品ラインに資源を集中することは成長のための戦略としては当然である。集中戦略には，(1)垂直的成長と，(2)水平的成長の2つがあり，成長企業は多角化の前に集中戦略を選択することが多い。

（1）垂直的成長

　垂直的成長は，供給業者または流通業者が提供していた機能を企業内に取り込むことによって達成される。企業は他社から供給を受け，自社製品を流通させる（この一方または両方）ことによって成長する。これはコストを削減し，希少な資源に対する支配力を強め，重要な投入資材・部品の質を確保し，あるいは潜在的顧客へ接近するために行われる。この成長は現在の操業活動を拡大することや買収によって達成できる。

　垂直的成長とは，垂直統合，つまり企業が原料を入手し，生産，小売りまで，産業の価値連鎖において，どこまで垂直的な広がりをもって操業をしているかということである。以前に供給業者が提供していた機能を企業組織内に取り込むことを後方統合（業界の価値連鎖を上流側に逆戻り）という。一方，流通業者が提供していた機能を企業組織内に取り込むことを前方統合という。

　垂直統合は，非常に魅力に富んだ業界において強力な競争ポジションにある企業（または，事業部門）にとっては，きわめて妥当な戦略である（特に技術が予測可能で成長しつつある市場ではなおさらである）。競争ポジションを維持・強化するために，企業は後方統合によって，資源の取得コストの低減および操業度の調整をするだけでなく，前方統合によって製品の流通に対する支配力を強化することができる。企業は実際に業界価値連鎖に沿って，より強力な競争優位を得るまで拡張を続けることによって，卓越した優位性（distinctive competence）を構築する。

　後方統合は，前方統合に比べて収益性が高いといえるが，企業の戦略上の柔軟性を損なう。後方統合を行うために投じた高価な資産の負担は売却が困難なままに撤退障壁となり，企業がその業界から離脱する際の障害となる。

　取引コストの経済学による知見では，公開市場における物品の購入コストが非常に多額になったとき，垂直統合は市場で物品またはサービスを購入契約する場合に比べてより効率的である。しかし高度に垂直統合した企業が巨大になって，官僚的になりすぎると，企業内取引を管理するコストが，必要とする物品を単純に外部から調達する場合に比べて高くなってしまい，垂直統合よりも市

場からの調達のほうに妥当性があることになる。

　垂直統合の程度は，①完全統合，②傾斜型統合，③疑似統合，④長期契約となる。

　完全統合とは，後方統合企業は社内で重要な資材を100％まかなっていたり，一方，前方統合ならば流通業者を完全に支配しているという意味である。

　大手の石油企業は完全統合している。彼らは地下から原油を汲み上げる油田採掘装置と原油を運搬する船舶と油送管，原油からガソリンなどに精製する精油所，さらに直営とフランチャイズのガソリン・スタンドへガソリンを配送するトラックまで所有している。

　完全垂直統合による不都合があるときは，企業は傾斜型統合または疑似統合戦略のいずれかを選択する。傾斜型統合は，需要の半分以下を企業内で生産し，残りを外部の供給業者から購買する。疑似統合の場合は，企業は重要資材を生産しないが，ほとんどの必要物品を自社が部分的に支配している供給業者から購買する。

　前方疑似統合の例として，自社の薬品が間違いなく流通チャネルに乗る保証を得るためにドラッグストア・チェーンの株式を取得する大手製薬会社の例があげられるだろう。企業は重要な供給業者または流通業者の株式を一部取得することによって相手の企業の取締役のポストを手に入れ，こうして相手企業の情報と支配権に対する保証を得ることが多い。

　一方，供給業者または流通業者に投資する（疑似統合）気持ちはないが，必要な資材または流通チャネルへの接近手段の保証を得たいと考えている。こういう場合は長期契約を利用することができる。

　長期契約は，２社の独立した企業間において一定の期間合意した物品またはサービスを相互に提供することを定めた合意書である。契約書が，供給業者または流通業者は他の競合他社と同様の関係を結ぶことができないと規定していないかぎり，これは実際には垂直的統合とは考えられない。この場合，供給業者または流通業者は実際には専属企業（captive company），つまり公式的には独立の会社だが，ビジネスの大半は契約企業と行い，その他の企業との取引に

ついては長期契約書によって正式に制限を加えられている企業である。

　最近になって，垂直的成長戦略から（したがって垂直統合から）離れて，供給業者との，時には競合他社とまでの協調的契約関係へ向かう動きがある。この種の関係は，資源を自社内で調達する代わりに長期契約を通じて外部から購買するアウトソーシングから，協調関係や技術供与契約，ジョイント・ベンチャーによって企業の能力を補完する戦略的提携まで多様な形態がある。

（2）水平的成長

　水平的成長は，①企業の製品を他の地理的分野に広めることによっても，②現在の市場へ提供している製品とサービスの範囲を拡大することによっても達成できる。この場合，企業は業界の価値連鎖から脇道を拡張することになる。

　水平的成長の結果が水平的統合である。企業の水平的統合の範囲は，その程度によって，①完全所有，②部分的所有，③長期契約のいずれかになる。

8.2.2　多角化戦略による成長

　産業内での統合が進み，成熟期に達すると，生き残り企業のほとんどは垂直的もしくは水平的成長戦略を用いて成長の限界に近づいている。成熟度の低い海外市場を目指して国際進出を果たす選択肢もあるが，国内では競争企業にとっては成長し続けることを望むかぎり，異なった業界へ多角化する以外の選択肢はない。多角化戦略には，(1)同心円的な多角化と，(2)コングロマリット的な多角化の2つがある。

（1）同心円的多角化：周辺の関連分野へ

　同心円的多角化による関連業界への進出は，企業が強力な競争ポジションにあり，業界の魅力が少なくなった場合には非常に適切な全社戦略であるといえる。企業はディスティンクティブ・コンピタンスの源泉となる特性に目を向け，その特性の強みを多角化の手段として活用する。企業は，本来の業界で効果的に利用して来た製品知識，生産能力，マーケティングの手法を有効に使えると

考えられる新たな業界に適合する戦略を策定しようと試みる。企業のいろいろな製品またはプロセスの間には相互に関連性がある。異なる産業のなかにも共通のテーマをもっている。探すものはシナジー（相乗効果），つまり2つの事業が，それぞれ独立して行うよりも，一緒に行うほうがより多くの利益をもたらすだろうという概念である。共通点は技術の類似性，顧客の用途，流通，管理技術，または製品の類似性である。

（2）コングロマリット的多角化：非関連分野へ

　経営者が現在の業界の魅力が薄れたと感じ，また他の業界の関連製品（または，サービス）に簡単に移転できるような際立った能力または技能にも欠けると気付いたときに，取り入れそうな戦略がコングロマリット的多角化（現在の産業と関係のない産業への多角化）である。この戦略を取り入れる戦略立案者は，組織全体にわたる共通点を維持するよりも，キャッシュフローまたはリスクの軽減という財務上の利点を重要視する。たとえば資金は豊富だが現在の産業での成長の機会に恵まれない企業は，機会は豊富だが資金不足の産業に進出する。コングロマリット的多角化として，特異な例は，販売が季節的に変動しキャッシュフローも変動する企業が，販売の変動が補完性のある季節的販売を行う企業を買収して，キャッシュフローを平準化するケースである。

8.3　国際的な成長：海外進出の選択肢

　現代では，企業の成長というと国際的な展開という意味合いをもつ。企業は外国市場に参入するか，あるいは他国に生産施設を建設する際に用いる最適な方法を，いくつかの戦略の選択肢から選ぶ。その選択肢は単純な輸出から買収，さらにマネジメント契約に至るまでさまざまである。海外進出のより一般的な選択肢をいくつか下記に説明する。

（1）輸　　出

　本国で生産された製品を販売の目的で他の国へ輸送することであるが，これ

は特定の製品についてリスクを最小化し，確認するという点で優れた方法といえる。企業は自身ですべての重要な機能を処理することを選ぶか，あるいは商社のように輸出管理を専門とする会社とその業務機能に関する契約を結ぶことができる。

（2）技術供与

　企業は技術供与契約によって，受け入れ国の企業に製品の製造・販売（いずれか一方，または両方）権を与える。受け入れ側は技術的専門知識の代償として技術供与側に対価を支払う。これは商標またはブランドは著名だが，その国に直接進出する資金が十分でない企業にとって特に有益な戦略である。この戦略は，その国が投資による参入を禁じているか，条件を厳しくしているときにはさらに重要になる。しかし技術の受け入れ側がそのコンピタンスを模倣し，さらに発展させて，供与企業の競争相手になる危険性は常にある。したがって，企業はたとえ短期的には有利であっても，ディスティンクティブ・コンピタンスを供与するべきではない。

（3）フランチャイジング

　フランチャイジング契約の下では，フランチャイザー（提供側）は，フランチャイジー（使用側）の企業にフランチャイザーの名前と運営システムを使って小売店を開店する権利を与える。この代償として，フランチャイジー（使用側）は販売額の一定率をフランチャイザーに対価（ロイヤルティー）として支払う。大規模な進出の根拠が十分でない場合に大規模な投資を自らは行わないでフランチャイジングによって外国でのプレゼンスを発揮する機会が得られる。

（4）合弁事業（ジョイントベンチャー）

　新しく外国に進出する場合に，現地国のパートナーと合弁事業を組むことが多い。現地の状況に不慣れな場合に，現地国のパートナーは大きな力となる。また外国人の所有に制限を設けている国への参入を可能にする。企業は新製品

または新技術を開発するのに必要な資源と専門知識をパートナーとの間で組み合わせることもできる。合弁事業によって，企業は，危険にさらされる資産を最小にし，したがってリスクを低減させて外国市場に参入することができる。合弁事業のパートナーは，受け入れ国の企業でも，あるいはその国の政府機関でもよい。地場の経営者を迎えるのが早道でもあり，受け入れ国による没収や嫌がらせのリスクを軽減する方法でもある。

（5）買　　収

　海外進出の早道は買収である。その地域ですでに操業している会社の買い取りである。競争力のある製品ラインをもち，優れた流通ネットワークをもっている企業が買収できればシナジー効果による利益が生じる。

　ジョイント・ベンチャーなどの戦略的提携に比べて，完全子会社のほうが海外事業として成功する率は高いといわれている。これが国際市場での経験の豊富な企業は外国投資をする際に，所有者としてのポジションを高めにしている理由の１つである。しかし，国によっては候補となりそうな企業の情報が得られないためや，現地国政府による規制のために，買収が困難なところもある。

（6）更地からの開発

　企業が他の企業の資産と一緒に問題まで引き受ける（日本のブリヂストンが米国のファイアストーンを買収したときのように）ことを嫌がる場合は，更地からの開発，つまり自前の生産工場と流通システムの構築を選ぶことがある。これは買収に比べてはるかに複雑で，時間と資金がかかるが，企業は工場の設計，供給業者の選定，労働力の採用において自由な決定ができる。たとえば，日産，トヨタ，ホンダは，英国の農村地域に自動車工場を建設し，この業界の経験がない若年労働者を採用した。

（7）生産シェアリング

　生産シェアリングという言葉は，ピーター・ドラッカー（Peter Drucker 1985）

による造語であるが，先進工業国の高い労働技能と技術に，発展途上国の安い
労賃を組み合わせるプロセスを意味する。最近では，データ処理やプログラミ
ングのような作業を，アイルランド，インド，バルバドス，ジャマイカ，フィ
リピン，シンガポールのような，賃金が安くて，英語を話し，電話通信が完備
している「オフショア（offshore）」へ移転することである。

（8）ターンキー・オペレーション

　ターンキー・オペレーションは一般的に代金と引き換えに行う生産施設の建
設契約である。施設は完成と同時に施主である国または企業に引き渡される。
施主（顧客）は，たとえば特定の製品は現地で生産し，現地の支配下になけれ
ばならないという法律を定めた中近東の国の政府機関である。ターンキー・オ
ペレーションを行う多国籍企業は，プラント建設や産業機械メーカーであるこ
とが多いが，彼らはそのプロジェクトに自社の設備を供給し，一般に受け入れ
国に交換部品を販売し，補修サービスを提供している。プラント建設や産業機
械メーカーではなくて，その生産設備から生産する商品を生産・販売する企業
の場合もあり，後者の場合は，このようにして顧客と同時に将来の競争相手を
作っているのである。

（9）BOT方式

　BOT（Build, Operate, Transfer —— 建設，操業，移転）はターンキー・オペレー
ションの変型である。完成時に施設（発電所や有料道路など）を当事国に引き渡
すのではなく，建設した企業が一定期間その施設を操業し，その間に投資プラ
ス利益を回収する。その後施設を無料またはわずかなコストで当事国政府に引
き渡す。受け入れ側にとっては，設備の操業経験を経た上で従業員を移管する
ことができる。

（10）マネジメント契約

　世界中で活動している大企業は自由に使える多数の管理能力をもった人材を

擁していることが多い。マネジメント契約は，企業が当事国の企業を支援するために一定期間，一定の費用で人材を派遣するというものである。マネジメント契約は，当事国が国内の外資企業の資産の一部または全部を接収したときによくみられる。この契約は企業が引き続き投資収入を得て，現地経営者の訓練ができるまで操業を認めることがある。

8.4　ポートフォリオ

　複数の製品ラインまたは事業部門をもつ企業は，こうした多種の製品または事業部門が企業全体の業績を向上させるようにうまく管理されているかどうかを自問しなければならない。

　多数の事業をかかえる会社の企業戦略の検討を支援する方法として最も評判の高いのがポートフォリオ分析である。ポートフォリオ分析を行うことによって，トップ・マネジメントは製品ラインと事業部門を高い収益性を期待する一連の投資として捉えることができる。製品ラインと事業部門が投資ポートフォリオを形成するので，トップ・マネジメントはそれに基づいて企業の投下資本に対する最大の利益を確保するため最大限の努力を行うことができる。最も広く使われている方法は，BCG成長・シェア・マトリックスとGEビジネス・スクリーンの2つである。すでに第3章で紹介済みであり該当箇所を参照されたい。この概念は国際市場に対する全社戦略の検討に使用することができる。

8.4.1　国際的ポートフォリオ分析

　国際戦略の立案の一助として，ポートフォリオ分析を国際市場に適用することも可能である。「当該国の魅力」と「製品の競争力」の2要因によって，図表8－2のマトリックス軸を定める。「当該国の魅力」は，市場規模，市場の成長率，政府規制の範囲と形態，および政治的・経済的要因から成っている。

図表 8 - 2　国際的ポートフォリオ・マトリックス

製品の競争力

	大きい		小さい
大きい	投資・成長		支配・撤退 ジョイント・ベンチャー
（当該国の魅力）		選択的 戦略	
小さい			収穫・撤退 結合・ライセンス

　「製品の競争力」は，マーケット・シェア，製品の適合性，貢献度（contribution margin），および市場支援から成っている。製品がマトリックス上に納まる位置によって，さらに資金を注ぎ込むべきか，あるいは収穫期に入っているかが判定される。

8.4.2　ポートフォリオ分析の利点と限界

　ポートフォリオ分析は，国内および国際戦略の策定において，次のような利点があるので広く利用されている。

① 　トップ・マネジメントに，企業の各事業を個別に評価し，それぞれに目的を設定し，資源を割り当てるように仕向ける。

② 　経営者の判断を補完するために外部に注目したデータの使用を促進させる。

③ 　成長と拡張に用いるキャッシュフローの調達可能性の議論を提起する。

④ 　グラフに描かれているので意思の疎通が容易である。

　しかし，ポートフォリオ分析には，次のように非常に現実的な限界がいくつかあり，そのためにこの方法の使用頻度を少なくした企業もある。

① 製品・市場セグメントを限定するのが難しい。

② 標準的な戦略を示唆するので機会を逃したり，実用的でなかったりする場合がある。

③ 実際にはポジションは主観的判断に基づいているのに，科学的な厳密さを備えているような幻想を抱かせる。

④ 金の成る木または負け犬などの表現は自己達成的な予言になりかねない。

⑤ 何が業界を魅力的にするのか，あるいは製品がライフ・サイクルのどこに位置するのかが必ずしも明らかではない。

⑥ ポートフォリオ・モデルの処方に素直に従うと，その使い方が不適切な場合には実際に企業の利益を減少させるおそれがある。

売上の増加は無いがきわめて長期的に支持されている製品（たとえば，ライオンの「ママレモン」（1966年発売）は，広告が売れ行きに大きく影響するといわれる台所洗剤市場で最近20年間は広告を行わないが安定した売上がある）から撤退してしまうという誤った選択をしてしまう恐れがある。

8.5　企業の育成策

キャンベルたち（Campbell, Goold and Alexander 1994）は，著書のなかで，次の2つの重大な問題に対処せねばならないと主張している。

① どういう事業を保有すべきなのか，またそれはなぜか。

② 事業部門を育成してその業績を優れたものにするためには，どのような組織構造，管理プロセス，哲学がよいのか。

ポートフォリオ分析はこれらの問題に対して，さまざまな業界の魅力度を検討することによって，またキャッシュフローに関する事業部門の管理，つまり成熟部門から得たキャッシュを新製品の構築に使用することによって答えようと試みた。残念ながらポートフォリオ分析は，企業の現状分析にとどまっており，企業はいかなる産業に今後参入すべきか，あるいは企業は製品ラインまたは事業部門間でどのようにしてシナジーを実現するかという質問には対処できない。ポートフォリオ分析は事業部門または製品ラインを別個の独立した投資

とみなして，物事を主として財務的に捉える傾向にある。

　これに対して企業の育成策は，事業部門の価値のみならず事業部門間のシナジーを築き上げるために使用される資源と能力（capability）の面から企業をみるのである。

　「複数の事業を擁する企業は所有する事業に影響を与える —— または育成することによって価値を作り出す。最も優れた親会社はそのライバルのどの会社よりも価値を創造する。こうした企業が，「育成優位（parenting advantage）」と我々が呼んでいるものをもっているのである」とキャンベルたちは論じている。

　企業の育成策は，親会社のコア・コンピタンスおよび親会社と傘下の事業体との関係によって創造される価値に重点を置き企業戦略を生み出す。企業の本部という形で，親会社はこの関係において非常に大きな権限をもっている。親会社の技能と資源および事業部門の必要性と機会の間に良好な適合性があれば，その会社は価値を創造していることが多い。しかし良好な適合性がなければその会社は価値を壊すことになりがちである。全社戦略に対するこの取り組み方は，新規事業として何を取得すべきかを決定する場合だけでなく，既存事業部門の最善の管理法を選定する場合にも有益である。

　企業の本社の第一義的な仕事は，各部門に必要な資源を供給し，部門間で技能と能力（capability）を相互に移転させることによって，また範囲の経済性（集中購買のような）を達成するために分割された企業の職能活動を調整することによって事業部門間のシナジーを確保することにある。現代の企業の市場価値の3/4がその無形資産 —— 組織の所有する知識から生じていることを考えると，非常に重要である。

8.5.1　企業の育成戦略の開発

　キャンベルたちは適切な企業戦略を求めるには，3段階の分析を勧めている。

　第1は，戦略要因という観点からの各事業部門（買収の場合は標的企業）の調査である。事業部門のスタッフは部門の事業戦略を作成した時点でおそらく戦

略要因を見極めているだろう。

　第2は，業績の改善が可能な分野という観点からの各事業部門（または，標的企業）の調査である。この分野が育成の機会と考えられるのである。

　たとえば2つの事業部門はその販売部隊を合体させることによって範囲の経済性が得られるかもしれない。別の例では，ある部門はかなりのレベル，しかし卓越したというわけではない生産と物流の技能をもっている。親企業がこの分野では世界クラスの専門知識をもっているのであれば，この部門の業績を改善することができるだろう。親企業はまた，要求のあった技能をもっている他部門の人員を，その技能を必要とする部門に配置転換することもできる。企業本部のスタッフは多くの業界における経験があるので，その部門内の人たちが気付いてさえいなかったような改善可能な分野を発見することができるかもしれない。特定の分野が競争相手に比べて際立って弱いのでないかぎり，事業部門内の人たちは改善可能分野に気付くことがないかもしれないし，特に事業部門が自身の特定業界だけしか監視していない場合はなおさらである。

　第3は，親企業が事業部門（または，標的企業）にどの程度よく適合しているかの分析である。企業の本部は資源，技能，能力という点での自身の強みと弱みを認識していなければならない。このためには親企業は各事業部門に対して親としての役割を果たす機会に適した特性をもっているかを自問しなければならない。また親企業としての特性と事業部門の重要な成功要因との間に不整合がないかについても自問する必要がある。

8.5.2　育成・適合のマトリックス

　さらにキャンベルたちは，企業全体としての企業と事業部門間の適合性に関する多様な判断を要約する方法として，育成・適合のマトリックスを使用するよう勧めている。事業部門を潜在成長力，競争ポジション，または業界構造の観点から分析する代わりに，このマトリックスは親企業との適性を重視するのである。

図表 8 － 3　育成・適合のマトリックス

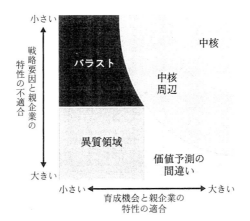

図表 8 － 3 に示すように，育成・適合のマトリックスは 2 つの側面，つまり親が実施できるプラスの貢献および親が及ぼすマイナスの影響，から構成されている。この 2 つの側面から 5 つの異なったポジションが作られるが，その 1 つ 1 つが企業戦略について固有の意味合いをもっている。

（1）中核事業

　キャンベルたちによれば，マトリックスの上右隅にある事業部門は企業の将来にとって中核となるはずである。この中核事業は親企業によって改善の機会が与えられ，親企業も部門の戦略要因をよく理解している。この事業はすべての企業活動のなかで優先されるべきである。

（2）中核周辺事業

　中核周辺事業に対しては，親企業の特性のうち適合するものもあれば，しないものもある。親企業は事業部門が必要とする特性をすべて備えているわけではない，あるいは親企業は部門の戦略要因のすべてを理解しているわけではな

い。

　たとえばこの領域にある部門が，その業界での決定的成功要因である広告（香水業界のように）を通じてイメージを作るのが非常に得意であるとする。しかし親企業はこうした強みをもっておらず，広告代理店任せである。親企業が部門に対して，自分で宣伝活動することをやめて，その代わりに親が懇意にしている広告代理店を起用するよう強制したとすれば，部門のほうでは四苦八苦するだろう。このような事業部門は，親企業がもっと理解を深め，中核事業に転換させようとすると，相当の配慮を必要とすることになろう。この場合，親企業はいつ事業部門の活動と戦略に干渉し，いつ一定の距離を置くべきかを知る必要がある。

（3）バラスト事業

　バラスト事業は，親企業との適性は非常に快適だが，親企業の手を借りて改善する機会はほとんどない。これは長年親の傘下にあって，しかも非常に成功してきた事業部門によくあるケースである。親企業は過去には価値創造を行ったであろうが，今ではもう親としてさらに育成する機会は見つからない。金の成る木のように，バラスト事業は企業にとって重要な安定と収入の源泉である。しかしこの事業には企業全体の成長速度を遅らせる足手まといになり，より生産的な活動から親の目をそらす可能性もある。環境の変化によってバラスト事業が異質領域に転じる可能性はつねに存在するので，企業の意思決定者は将来予測されるキャッシュフロー価値を超える価格で売却できるのであれば，ただちにこの部門からの撤退を考慮すべきであろう。

（4）異質領域事業

　異質領域事業は親企業によって改善される機会はごくわずかしかなく，親の特性と部門の戦略要因との間に不適合が存在する。親企業にとっては価値創造の可能性は少なく，価値破壊の潜在性が高い。これらの部門は，小規模のことが多く，多角化，大規模な買収の一部として受け入れた事業，経営幹部の個人

的な趣味によるプロジェクトといった過去の実験的活動の残余物であることが多い。企業の本部でも適合性が少ないことを認めていながら，部門として存続しているのは何か理由がある。現在は儲かっている，買い手が見つからない，親が部門の長にコミットをした，あるいは創立者や会長のお気に入りであるなどの理由である。適合性を改善しようとすれば親企業の価値を損なうことになりかねないので，キャンベルたちは価値がある間に売却することを推奨している。

（5）価値予測を誤った事業

　価値予測を誤った事業は育成機会とうまく適合するのだが，部門の戦略要因を親企業が理解していないという点で適合性を欠いている。企業本部はこの点で最大の間違いを犯す可能性がある。事業部門の収益性または競争ポジションを改善する機会だと考えたのが過ちであった。

　たとえばある部門を世界で通用する生産事業にしようという熱意（親企業が世界的な生産技能をもっているために）をもちながら，親企業がその部門が主として独自な製品開発とニッチ・マーケティングの専門知識のおかげで成功したということに気付かなかったような場合である。成功の可能性があるとの思いが，誤った行動によって部門のコア・コンピタンスを損なうというマイナスのリスクに対する親企業の目をくらませたのである。

8.5.3　水平戦略と多点競合

　水平戦略は，事業部門間の境界をなくして部門相互のシナジーを構築し，1つまたはそれ以上の部門の競争ポジションを改善しようとする企業戦略である。シナジーを作り出すために用いるときは，育成戦略と同じような役割を果たす。1つ以上の事業部門の競争ポジションを改善する場合には，競争的な全社戦略と考えることができる。

　多点競合は，複数の事業部門をもつ大企業が他の複数事業を傘下にした大企業と多数の市場で競合することである。これらの多点競合者は1つの事業部門

ばかりでなく，多数の事業部門でも競い合っている企業である。手許資金の豊
富な企業のいくつかは，他の企業の事業部門の不利益になるように，ある特定
の市場でマーケット・シェアを確保しようとする。各事業部門はその事業戦略
について第一義的な責任を負っているが，親企業から何らかの支援を必要とす
ることがあり，特に競合他社の事業部門が親企業から多額の財務的支援を受け
ているときにはなおさらである。この場合企業本部は水平的戦略を展開して，
関連事業部門の目標と戦略を調整する。

　多点競合とその結果として生じる水平的戦略は，実際に業界における強烈な
競争状態の展開を緩和するかもしれない。マーケット・リーダーのポジション
に対する攻撃は他の市場における報復を招くという認識が，マネジャーに複数
市場におけるライバルに対する行動をより保守的なものにするという相互の自
制を招き，競合対抗関係を低減させる。

8.6　ま と め

　全社戦略は，多角化した企業において，各事業部門の競争戦略を，企業全体
としてどのようにバランスをもったものにするかということである。競争戦略
から全社戦略への視点の移行は，企業にとって，最も難しいところである。全
社戦略が失敗する裏には，ほとんどの多角化企業で，『自分たちは，個々の事
業で，実際にどうやって付加価値をつくり出しているか』という視点を喪失し
てしまっているということが多い。各事業部の競争優位を本当に強化するよう
な企業戦略，つまり明確な全社戦略のコンセプトを明確に選択すれば，多角化
の実績は目に見えて改善されることが期待される。

【参考文献】

Campbell, Andrew Michael Goold, and Marcus Alexander, *Corporate-Level Strategy: Creating Value in the Multibusiness Company*, John Wiley and Son, 1994.

Drucker, P.F. *Innovation and Entrepreneurship*, Harper & Row Publisher, 1985.
　（小林監訳『イノベーションと企業家精神』ダイヤモンド社，1985年）

Goold, M. and A. Campbell, "Desperately Seeking Synergy," *Harvard Business Review*, Sept-Oct 1998, pp.131-143.

第9章　実行計画と組織設計

　戦略を実行するにはその内容やイノベーションの程度に応じて組織体制を確立し，必要な資源を配分することが必要になる。組織体制を確立したら，次に，戦略の執行を担当する部門および従業員の役割分担を明確にした上で，目標を設定することが必要となる。

　戦略の執行段階では，全体的な方向を示す戦略を，それぞれの活動のレベルまで落とし込み，実行すべきことを明示する。そして，戦略的活動を通じて達成すべき目標を設定することによって，果たすべき責任を明らかにする。

　戦略執行のための枠組みを整えたら，従業員の積極的な戦略的活動を引き出すべく動機づけを行う。戦略は，イノベーションを伴うことが多いので，実行段階で急激な変化から従業員の抵抗に遭遇することがある。したがって，戦略の意味を十分に理解してもらう，戦略的活動に対する報酬を明確にする，分担された役割・責任を果たすのに必要な権限を付与するなどによって，戦略執行に対する従業員の参加意識を高め動機づけをすることが必要となる。

　さらに，このようなことが実行できるような組織設計も必要となる。戦略と組織は，双方が効果的に機能してはじめて，企業目標が実現する。

　本章では，戦略計画の実行，そして実行を可能とさせる組織設計について議論する。

9.1　戦略の具体化と実行

9.1.1　戦略の実行

　戦略の具体化は，戦略計画の遂行に必要な活動と選択の総計である。それは戦略および方針が，予算，手続の作成を通じて行動に移されるプロセスである。具体化は戦略が策定された後に検討されるのであるが，これは戦略経営の要の部分である。多くの戦略の失敗は，具体的な段階における拙劣さにその原因がある。具体化計画を作成する前に，次のような疑問に答えなければならない。

　①　「誰が」戦略計画を具体化するのか。

　②　新たに意図した方向に向けるには「誰が」「何を」実行しなければならないか。

　③　「どのように」すれば戦略の実行に必要なことを全員が協調できるのだろうか。

9.1.2　戦略の具体化

　企業の組織形態によって異なるが，戦略を具体化する人たちは，おそらくそれを策定した人たちに比べてはるかに多様な顔ぶれが参加することになる。

　複数の産業での活動にまたがる大企業では組織の全員が具体化に当たることが多い。職能部門の長や，事業部門（または，SBU：戦略事業部門）の担当役員が部下たちと一緒になって大規模な実行計画をまとめる。工場長やプロジェクト・マネジャー，部長，課長たちがそれぞれの工場，部単位，課単位の計画を立てる。したがって実務のマネジャーから最前線の責任者や一般従業員までの全員が何らかの形で全社・事業・職能部門戦略の具体化に関与する。

　戦略の具体化に重要な立場となる人たちの多くは，全社戦略と事業戦略の計画段階においては企画にまったく関係していないことが多い。したがってその策定プロセスにおける検討内容が十分に伝わっていない場合が多い。ミッション，目的，戦略，方針に変更があった場合，その変更の内容そして会社にとっての重要性がはっきりと実務における管理職の全員に伝達されていないと，多

数の抵抗や非協力的な態度に見舞われる。実務を行う管理職は経営者に働きかけて，新計画を放棄して，従来のやり方に戻らせたいと望むこともある。組織のすべてのレベルの人たちを戦略の策定と具体化に関与させることが組織の業績の改善につながりやすいというのは，これがその理由の1つである。

9.1.3　実行すべき事柄

　事業部門と職能部門の管理職たちは，同僚の管理職と協調して戦略の具体化のための「実行プログラム」，「予算書」そして「手順書」を作成する。彼らは，企業のディスティンクティブ・コンピタンスを作り上げて，それを維持するために，協調して，事業部門と職能部門間のシナジーを得ようとする。

　戦略の具体化は，新たな戦略を行動という形に方向付けをして，組織活動を作り上げるための「実行プログラム」，新たな活動に資金を配分する「予算」および日常の任務を処理する「手順」によって構成される。

（1）実行プログラムの作成

　実行プログラム作成の目的は，戦略を行動という形に方向付けすることにある。実行プログラムの現行組織への影響の可能性を検討するには，提案された実行プログラムを現行の実行プログラムおよび活動と比較するのが1つの方法である。

　実行プログラムそのものについての評価では，次のチェック項目が役に立つ。

　① 実現可能性

　提案された実行プログラムと活動は首尾一貫した安定的なシステムを構成しているか。現在の活動は首尾一貫し，安定しているか。移行は難しくなりそうか。

　② 遂行の順序

　どこから変更を始めるのか。その順序は成功に影響するだろうか。合理的な終了時点があるだろうか。

③ 立　　地

新しい実行プログラムは新しい場所で実施するのか，それとも現在の施設を合理的なコストで変更することができるのか。

④ 変化の速度とその性格

変化は速く行うのか，ゆっくりでよいのか。漸進的に行うのか，急激なのか。

⑤ 利害関係者の評価

重要な活動や相互関係を見逃していないだろうか。関心を示す利害関係者からさらに情報を求めるべきだろうか。新しい実行プログラムと現行の活動のどちらのほうが最大価値の源泉となるだろうか。

（2）予 算 書

実行プログラムの作成が済むと予算の段階となる。予算書（pro forma）の作成は，企業が選択した戦略の実現可能性をコスト面から現実的に，また最終的に点検する機会でもある。理想的な戦略であっても特定の具体化プログラムのコストを詳細に積み上げてみるとまったく非現実的だということがあるかもしれない。

（3）詳細な実行のための手続書（標準作業手順書，マニュアル）

実行プログラム，事業部門と全社の各予算書が承認された後に，手続書を作成しなければならない。これは標準作業手順書（SOP：standard operation procedure）と呼ばれることもあるが，一般的に企業の実行プログラムを完結するために遂行すべきさまざまな活動の詳細を定め，その実行手順を示した作業規準書（マニュアル）である。手続書は，一度定められても，戦略のみならず技術の変化に対応して遅れを取らないように必要に応じて修正しなければならない。この手続書は，時間が経過しても，あるいは場所が変わっても日常業務の一貫性を確保するためには有用である。たとえばマクドナルドは，同社の方針がそのファーストフードのすべての小売り店舗において厳密に実行されるように非常に詳細なマニュアルを作成しており，日常業務で実行をしている。

9.2 効率的な運営

9.2.1 シナジーの達成

　戦略を具体化するなかで達成すべき目標は，職能部門間，事業部門間，および両者の間のシナジーである。買収の後では企業組織が再編されることが多いが，このことが目的である。事業部制をとっている企業において，各事業部の投資収益率（return on investment, ROI）が，各事業部が独立の事業である場合に得られた収益率より大きければ，シナジーが存在したといわれる。

　グールドとキャンベル（Michael Goold and Andrew Campbell 1998）によれば，シナジーは次の6項目のうち，1つの形で発生する。

　① ノウハウの共有

　部門が協調すると往々にして知識または技能を共有することによって便益が得られる。これがコア・コンピタンスの梃子の力である。

　② 戦略の調整

　2つ以上の事業部門の戦略を調整すれば，部門間での競合の減少と共通の競争相手に対する協調的対応策を開発することによって企業に著しい優位性を提供する（水平戦略）。

　③ 有形資源の共有

　協調した部門は共通の生産施設またはR&D研究所を共有することによって資金を節減できる。

　④ 規模または範囲の経済

　一部門の製品またはサービスの流れを他の部門と調整することによって在庫を削減し，設備の稼動率を高め，市場アクセスを改善できる。

　⑤ 共同交渉力

　部門間の協調によって購買力を結合し，共通の供給業者に対する交渉力を強めて，コストを削減し，品質を改善できる。

　⑥ 新規事業の創造

　知識と技能の交流は，さまざまな部門から個別の活動を抽出し，それを新た

な一部門に編成することによって，あるいは同一社内の事業部門間で共同事業とすることによって，新たな製品またはサービスの開発を促進する。

9.2.2　リエンジニアリングと戦略の具体化

　リエンジニアリングとは，コスト，サービス，または時間について大きな成果を得る目的で事業の実行方法に過激な再編を実施することである。それ自体は構造の一形態ではないが，立て直し戦略を具体化するためには有効な方法である。

　リエンジニアリングは，時間の経過とともにすべての企業にはびこり，染み込んだ古い規則と手続書から抜け出そうとする試みである。何年も前から定着しているので誰も真剣に疑問をもったことがないような方針，規則，手続書などには決別すべきものもある。企業のこうした規則や業務設計はもはや関係がなくなった技術や人員，組織目標に関する思い込みに基づいているものである。現行プロセスの細かな修正や微調整によって目前の問題を改善しようとする代わりに，リエンジニアリングの鍵は「これが新しい企業なら，この場をどのように運営するか」という疑問をもつことから始まる。

　この概念を広めたマイケル・ハマー（Michael Hammer 1993）は，リエンジニアリングについて次の原則を提案している。

① 任務ではなく，成果を中心に組織せよ
　単一または一連の任務ではなく，目的または成果を中心にして人または部署の職務を設計する。

② プロセスの結果を利用する人にそのプロセスを実行させよ
　コンピュータを使った情報システムがあれば，そのプロセスの結果を必要とする人が自分で実行できるようにプロセスを再設計することは可能である。

③ 情報処理のプロセスを情報を生み出す実務のなかに組み込め
　情報を生み出す人または部署は原始データを組織内の他の部署に送って解釈させるのではなくて，それを自分で使えるように処理することができる。

④ 地理的に拡散した資源を一手に集中したものとして扱え

現代の情報システムをもってすれば，企業は全体的な調整のために実際の資源を中央に集中したままで，地方に対して柔軟なサービスを提供することができる。

⑤ 結果を統合するのではなく，平行して行われる活動を結びつけよ

独立した部署にさまざまな活動を行わせて最終的にそれを集約するのではなくて，部署間で連絡を取りながら活動させて，みずから統合できるようにさせるのである。

⑥ 仕事を行う地点で意思決定を行い，プロセスのなかに管理体制を構築せよ

仕事をする人が意思決定を行い，また自主管理を行うべきである。

⑦ 情報は発生源で一度だけ捕らえよ

各部署がそれぞれのデータベースを作り，情報処理するのではなく，全員がアクセスできるように情報をネット上で公開すべきである。

9.2.3 戦略具体化のための職務設計

戦略の具体化では，企業活動と人を再編成することが，単に企業全体の組織構造の設計を変えるだけで済む話ではなく，職務のあり方も再設計しなければならない。リエンジニアリングへの関心が高まるにつれて，多くの企業が不必要な人員や活動を業務プロセスから取り除こうという目で業務プロセスを再検討し始めている。従来は連続して遂行する業務プロセスの手順を，職能横断チームを使って同時に実施することで改善することができる。

人員削減によるリストラクチャリングには，職務範囲の拡大とチームワークの奨励が必要となる。したがって，「職務設計」とその結果生じる「職務業績」が競争優位の源泉であるという考え方が広がっている。

「職務設計」は職務を企業にも従業員にもより関連性の深いものにしようとする意図の下に行う個々の作業内容の検討である。業務の専門化に伴うマイナスの影響を最小化するために企業は新たな職務設計手法である職務拡大（仕事を結合して1人の従業員により多くの同種の義務を遂行させる），配置転換（ジョブ・

ローテーション：変化をもたせるために従業員にいくつかの仕事を順次経験させる），
職務向上（ジョブ・エンリッチメント：従業員にその活動についてより多くの自主性
と管理義務をもたせることによって職務内容を変化させる）に関心を寄せている。そ
の結果として「職務業績」の向上を期待している。

9.3　行動のための組織設計

　計画が実際の業績として実る以前に，企業は適切に組織され，実行プログラ
ムに沿って人員が配置され，目的を達成する方向に企業活動を向ける。

　全社戦略に変更があれば，それは組織の構造と特定の職務に必要な技能の種
類についても何らかの変更の必要が大いにあるとみてよい。したがって，経営
管理者は，必要があれば仕事の実行方法をどのように変えるべきかを判断でき
るように，会社がどのような構造の上に成り立っているかを綿密に検討してお
かなければならない。

　活動の再編成が必要だろうか。重要な決定を行う権限は本社に集中すべきか，
それとも遠隔地のマネジャーには移譲すべきだろうか。企業は「統制の取れた
船（tight ship）」のように多くの規則と管理で運営すべきか，あるいはできる
だけ規則と管理を少なくして「緩やかに（loosely）」運営すべきだろうか。企
業は多数の管理者階層をもった「丈の高い（tall）」構造の組織にして，各マネ
ジャーが狭い管理スパン（つまり 1 人の監督者当たりの従業員の数）の下で部下の
管理が行き届くようにすべきか，それとも管理者層の少ない「平たい（flat）」
構造の組織にして，各マネジャーが広い管理スパン（つまり 1 監督者当たり多数
の従業員）の下で部下に自由にやらせるようにすべきだろうか。

9.3.1　組織は戦略に従う

　アルフレッド・チャンドラー（Alfred Chandler 1962, 1998）は，デュポン，
ゼネラル・モーターズ，シアーズ，スタンダード・オイル社（Standard Oil）
など米国の大企業を対象にした調査研究で，「組織は戦略に従う」，つまり「全
社戦略の変更は組織構造の変更を招く」という結論に達した。さらに，組織は

企業が成長するにつれて，ある構造から他の構造へと発展をたどるという結論を下した。

チャンドラーによれば，こうした構造変化が起きるのは，古い構造が無理をしすぎて，非効率性を引き起こして，顕著な弊害をもたらすからである。チャンドラーは，次のようなことが発生すると述べている。

① 新しい戦略が作られる。

② 新しい管理上の問題が発生する。

③ 業績が落ち込む。

④ 新しく適切な機構が考案される。

⑤ 利益が以前の水準に戻る。

チャンドラーによると，デュポンでは，初期の段階には限られた範囲の製品を生産・販売していたので，それに適した中央集権的な職能別構造の組織をもった。その後，新たな製品ラインを加え，供給源の企業を買収し，さらに自前の流通網を構築するにつれて，中央集権的な機構では物事が複雑すぎるようになった。業績を持続させるためには，組織は，事業部門ごとに自治的な権限をもった分権的な構造に変化する必要があった（第4章で述べた事業部構造）。

ゼネラル・モーターズ（GM）社の元CEOであるアルフレッド・P・スローン（Alfred P. Sloan 1990）は，1920年代のGMが構造改革を行ったことについて述べている。彼は分権化構造を「分権化した事業管理と組み合わされた中央集権的方針決定」と形容している。トップ・マネジメントが企業全体の戦略（全社戦略）を作成した後は，その戦略をいかに具体化するか（事業戦略）は個々の事業部門（シボレー，ビュイックなど）の自由に任された。デュポンの例にならったGMは，分権化した複数の事業部構造が製品開発に最大限の自由を認める上で極めて効率的であることを発見した。ここでは投資収益率（ROI）が財務管理手段として使われた。「組織は戦略に従う」というチャンドラーの主張は，一般的に支持されている（「組織は戦略に影響を与える」という逆の主張も同様である）。

環境の変化は全社戦略の変化に反映される傾向にあり，したがって企業組織

の変更につながることがある。戦略と組織は，外部環境に応じて緊密に調和させなければならない。たとえば差別化戦略をとっている事業部門が成功するためには，低コスト戦略を掲げる他の事業部門に比べて本社から多くの戦略決定上の自由を得る必要がある。

　組織の機構は環境条件が異なれば変わらなければならないし，環境は逆に組織の戦略に影響を与えることについて異論はないが，最適の組織の姿については意見が分かれる。1920年代のデュポンやゼネラル・モーターズにとって適切であったものが，今日では適切でないかもしれない。同じ業界内の企業は似たような組織をとる傾向にある。たとえば自動車製造企業はゼネラル・モーターズの事業部の概念を見習う傾向にあり，一方消費者製品の生産者のなかにはプロクター・アンド・ギャンブル（P&G）が先駆者といえるブランド管理の概念（一種のマトリックス構造）を見習うところが多い。同一産業内で類似の戦略に従う企業はよく似た組織構造を採用する傾向にあるといえる。

9.3.2　企業発展の段階

　成功企業は成長し，拡大するにつれて組織構造の発展パターンに従う。起業家型企業の単純構造（ここでは誰もがあらゆることをこなす）から始まって，企業は通常（成功すれば）大きくなり，マーケティング，生産，財務のような職能別に組織される。さらに成功を続ければ，企業は異なった業界の新たな製品を加えて，相互に関連をもつ事業部制の組織を作る。この3つの企業発展の段階に沿った構造の相違は，主な問題，目的，戦略，報奨制度，その他の特徴に分けて図表9－1に示した。

第1段階：単純構造

　第1段階の典型はアイデア（製品またはサービス）を発展させるために会社を設立した起業家である。起業家はすべての重要な決定を自ら行い，組織のすべての詳細と局面に関与する。第1段階の企業は公式的なところがほとんどない組織であって，起業家がすべての従業員の活動を直接監督できる（単純構造，

図表9－1　第1・2・3段階の企業の相違点

機　能	第1段階	第2段階	第3段階
1．評価：主な問題	短期的な操業問題に対応する生存と成長	製品の問題に適切な注意を払いながら成長，合理化，資源の拡大	経営と投資の委託管理および大規模で増殖する多様な資源の管理。事業部門レベルの問題の診断と対応措置の重要性
2．目的	個人的，主観的	利益，職能別予算と業績目標の達成	ROI，利益，1株当たりの収益
3．戦略	黙示的，個人的；オーナー経営者による目先の機会の活用	「1製品」の範囲：1基礎製品またはサービス分野の活用に限定した職能別活動	成長と製品の多角化；一般的な事業機会の活用
4．組織：構造上の主な特徴	1単位「ワンマンショー」	1単位，職能別専門グループ	複数部署から成る一般管理スタッフと分権的事業部門
5．(a)評定と管理	単純な会計システム毎日の対話と観察に基づく個人的，主観的管理	管理は1人では手に負えない；職能別業務の評価が必要；構造的管理システムへ進化する	問題と機会を指摘し，事業部のマネジャーの管理能力を評価する業績指標の比較評価に向けられた複雑な公式のシステム
5．(b)主要業績指標	個人的基準，オーナーとの関係，操業の効率性，操業上の問題処理能力	売上高，予算対比の業績，支配領域の広さ，グループの地位，人間関係などの職能別・社内基準	ROI，P／Eレシオ，販売，マーケット・シェア，生産性，製品リーダーシップ，人事開発，従業員の態度，社会的責任などの脱個人的な比較方法の採用
6．賞罰制度	非公式，個人的，主観的；主な業績貢献者に個人的なインセンティブを与えるための少額の蓄えの管理と分配	より複雑化；個人的意見・関係ではなく通常大部分が合意された方針に基づく	公式的・体系的基準に基づく多種・多様な報奨と懲罰を「公正な手続き」によって配分。通常全社的方針が個人的なケースによる大きな例外なしに多くの異なったレベルのマネジャーと従業員に適用される。

職能別構造，事業部構造の説明は図表4－4参照）。計画は，短期型であったり，即応型である。計画，組織，指揮命令，人事，管理といった代表的な経営機能は，仮に行うとしても，通常は最小限の範囲で行われる。第1段階の企業の最大の強みは柔軟性と活力である。最大の弱みは総合的な戦略のみならず細部の手続きについても起業家に著しく依存する。起業家が行き詰まれば，企業も四苦八苦する。これはグレイナー（Greiner 1972）によってリーダーシップの危機と名付けられた。

第2段階：職能別構造

　第2段階は，起業家による直接的な管理から，職能別に専門化したマネジャーたちに代替する段階である。この段階への移行にあたっては，企業の経営トップの管理スタイルは，特にその人物が第1段階の起業家であれば，相当の変更が必要であり，権限委譲が必要である。さもないと追加のスタッフを採用しても組織のためには何の役にも立たない。いったん第2段階に入れば，企業戦略は往々にして垂直的・水平的成長による産業の状況を通じて現状維持を好むようになる。第2段階の企業の大きな強みは1つの業界における集中と専門化である。大きな弱みは，将来を託すすべての業務が1つの組織のなかにあるということである。

　1つの産業に集中することはそこに市場としての魅力があるかぎり，第2段階の企業にとっては非常に有利である。しかし職能別構造をもつ企業が他の業界における他の製品に多角化すると職能別構造の利点が崩れてしまう。今や多角化した製品ラインを管理する人が，トップ・マネジメントが進んで委譲する以上の自由裁量権を要求するようになって，自主性の危機が生じる。企業は異なった構造を探す必要がある。

第3段階：事業部構造

　第3段階はいくつかの産業において多様な製品を製造販売している企業に一般的なものである。これは意思決定の権限を分権化している。こうした企業は

製品ラインを多角化するか，地理的領域を拡大することによって成長している。彼らは中央に本部をもち，分権化した事業部門をもった事業部構造へ移行するが，各事業部（または，事業単位）の内部は第2段階の職能別構造の企業である。トップ・マネジメントが自主的に操業する第2段階にある子会社をそのままにしておくことを選択するなら，コングロマリット的構造を利用することも可能である。各々の部門が企業全体に配慮しないで個々の売上と利益の最適化を目指して行動し，企業の本部の存在感が薄れてしまう状況に進展する可能性もある。

　事業部は製品と市場関係をより良く反映する「戦略事業単位（SBU）」に進化してゆく。本部は事業部門または戦略事業単位の活動を業績・成果志向の管理と報告システムを通じて全体の調整を試みる。これらの戦略事業単位は本部から厳しい管理をされるわけではないが，自らの業績の結果に対して責任を負う。したがって効率を求めて，企業は分権的な意思決定プロセスをもつ。

　第3段階にある企業の最大の強みは，経営資源の豊富さである。弱みは，規模が大きすぎて複雑なので硬直的になりがちなことである。米国のゼネラル・エレクトリック（GE），デュポン（Du Pont），ゼネラル・モーターズ（GM）は第3段階の企業である。

第4段階：SBUを超える

　1970年代から1980年代には戦略事業単位（SBU）への進化がみられたが，事業部の形態が組織の構造として究極的なものということではない。SBUを用いることによって形式主義の危機に陥り，企業が巨大で，複雑になりすぎて，公式の実行プログラムと厳格なシステムでも管理できなくなり，そのうえ日常業務の手続きは問題の処理方法において前例を持ち出したりするようになる。最近の企業環境は，(1)環境の不確実性の増大，(2)精緻な技術を使った生産方法と情報システムの利用の拡大，(3)世界的な事業会社の規模と活動範囲の増大，(4)複数業界における競争戦略の重視，(5)高度な教育を受けたマネジャーと従業員の増加という状況下にある。このなかで新たな企業構造の進歩的な形態がこ

れまでに発生したし，また今も発生し続けている。企業構造は，企業における
重複したプロジェクトの管理や事業開発を行うにあたって，競争より協調を重
視しようとするものである。

　企業の発展の第 4 段階における組織構造としては，マトリックスとネットワー
クが有力な候補である。この段階では人とグループの垂直的結びつきに替えて
水平的結合を重視するだけではなく，臨時的プロジェクトを中心にしてその周
りに個々の仕事が組織され，そこでは精緻な情報システムによって協調活動が
支援されることになろう。

　グレイナー（Greiner 1972）によれば，この組織の発展段階も組織固有の危
機をもつであろう。こうした協調的な組織のなかで，従業員はチームワークの
緊張感と革新的なソリューション（問題解決方法）の重圧によって精神的にも
肉体的にも消耗してしまうだろうと彼は指摘している。

9.3.3　段階移行上の障害

　企業は発展の論理的段階を必ずしもたどるわけではない。発展の障害は内部
的なもの（経営資源の欠如，能力の欠如，またはトップ・マネジメントが権限委譲を
行っていないなど）である場合もあり，または外部的なもの（経済情勢，労働力の
不足，市場の成長停滞など）である場合もある。チャンドラーは，ある段階で創
始者兼経営者として成功した人が新たな戦略に適合した新たな構造を作ること
ができる例は珍しく，彼にとってはある段階から次の段階への移行は苦痛を伴
うものだと述べている。

　新たな段階への移行の困難さは，創業者が慎重に採用し，訓練し，育成した
自分のチームの管理者たちに権限を委譲することを時として嫌がることによっ
てますます大きくなる。このチームは創業者がいなくなった後でも，組織全体
にわたってその影響を維持しようとする傾向にある。組織の強みでもあるが，
企業文化が現状維持に固執し，必要な変化を阻害する程度によってはまた弱み
になる場合もある。

9.3.4　組織のライフ・サイクル

　構造の面での発展段階の代わりに，組織のライフ・サイクルを考える方法もある。主として企業が直面する課題を考慮するときに意味がある。構造は副次的な関心事にすぎない。組織のライフ・サイクルでは，組織が成長し，発展し，やがて衰退に至るまでを説明する。これは製品のライフ・サイクルの組織版である。

　その段階は誕生（段階Ⅰ），成長（段階Ⅱ），成熟（段階Ⅲ），衰退（段階Ⅳ），死（段階Ⅴ）である。この各段階が企業の戦略と構造に及ぼす影響を要約したのが図表9－2である。組織のライフ・サイクルの最初の3段階は，先に述べた企業の発展段階として一般に受け入れられている3つの段階に類似している。際立った相違点はサイクルを完結するために成熟と死を付け加えている。企業戦略そのものが健全であっても，その老朽化した構造と文化，プロセスがその戦略の適切な遂行の妨げになっていることがある。コア・コンピタンスが硬直性の中核になってしまい，変化する状況に順応できず，やがて企業は衰退期に入って行く。

図表9－2　組織のライフ・サイクル

	段階Ⅰ	段階Ⅱ	段階Ⅲ＊	段階Ⅳ	段階Ⅴ
主要な課題	誕生	成長	成熟	衰退	死
一般的な戦略	ニッチへの集中	水平・垂直的成長	同心円的・コングロマリット的多角化	縮小を伴う利益戦略	清算または倒産
予想される構造	起業家型が支配的	職能管理重視	利益・投資センターへの分権	機構の手術	機構の解体

注：＊ 組織は成熟または衰退の段階でリバイバルの局面に入ってその命を永らえることがある。

　しかし成長から成熟を経て衰退に至り，そして死を迎えるのは決して不可避なことではない。成熟または衰退の段階のどこかで再生の局面が生じることがある。企業のライフ・サイクルは経営と製品の刷新で延ばすことができる。組織の再生は立て直し戦略を実行中に発生することがよくある。

企業は衰退期に発生する死活的な問題を解決できなければ，段階Vの「企業の死（倒産）」に至る公算が大である。

この5つの段階を，この順序で移行する企業は少ない。段階Ⅰにとどまる企業もある。ゼネラル・モーターズのように段階Ⅰから段階Ⅲに直接移行するかもしれない。ベンチャーのなかには段階ⅠまたはⅡから直接段階ⅣまたはVに入っている企業もある。

9.3.5　企業構造の進歩した形態

新しい戦略は，従来の職能別または事業部構造から得られる以上の柔軟性をその組織に必要とするかもしれない。今日の事業部組織は職能面で縦断作業チームを採用することが非常に多くなり，中央集権的な色彩が弱まりつつある。これらの特徴は変型構造やハイブリッド構造のなかにも含まれているが，典型的な組織形態はマトリックス構造とネットワーク構造の2つである。

（1）マトリックス構造

多くの企業では，職能を中心にした組織（職能別構造）または製品と地域を中心にした組織（事業部構造）は適切な組織構造だと考えている。これに対して，企業が，職能別構造と事業部構造の片方を戦略事業単位のような水平的な結合のメカニズムと組み合わせたとしても，現在の情勢にはふさわしくないと判断したときには，マトリックス構造は，非常に適切な形態となるかもしれない。マトリックス構造においては，職能と製品の形態が組織と同じレベルで同時に組み合わされる（図表9－3）。従業員は，製品（または，プロジェクト）マネジャーと職能マネジャーという2人の上司をもつ。「本拠（home）」の部署，つまりエンジニアリング，生産，または販売は職能的であり，かなり恒久的である。これらの職能単位のスタッフは一時的に1つまたはそれ以上の製品単位（または，プロジェクト）グループに配属されることがよくある。製品単位（または，プロジェクト）グループは通常一時的で製品・市場別に区別された事業部のような役割を果たす。

図表9-3　マトリックス構造

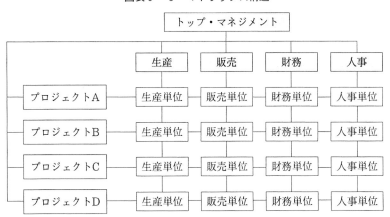

マトリックス構造は，職能別の組織の安定性と製品別の組織の柔軟性を組み合わせて開発されたものである。マトリックス構造は外部環境（特に技術的な側面と市場の側面で）が非常に複雑で，変わりやすいときには有益である。しかし義務や権限，経営資源の配分をめぐって対立や混乱が生じる恐れがある。達成目標が曖昧，もしくは採用技術の理解度が低いほど，製品マネジャーと職能マネジャーの間で権限をめぐって軋轢が生じやすくなる。マトリックス構造は，次のような3条件を備えた組織（または，SBU）においてよくみられる。

①　プロジェクトまたは製品間でアイデアを相互交流する必要がある。

②　経営資源が少ない。

③　情報を処理し，意思決定を行う能力を改善する必要がある。

とくに，プラントエンジニアリング会社のように，プロジェクトの進捗状況によって，必要とする人員の山と谷が大きく変わる業種においては，全体として人数を適正配置する目的で，マトリックス組織を採用する企業がある。

マトリックス組織について，デイビスとローレンス（Davis and Lawrence 1977）は，次の3つの顕著な発展には発展段階があると主張している。

①　一時的な職能横断タスクフォース（特別部隊）

まず最初に新製品が売り出されたときに使われる。プロジェクト・マネジャー

が水平的結びつきのかなめとしての責任を負う。クライスラーは製品開発にこの方法を用いている。

② 製品・ブランド管理

　職能横断タスクフォースがさらに恒久的なものとなる場合であり，プロジェクト・マネジャーは製品またはブランド・マネジャーになり，第 2 段階が始まる。この形態では，組織構造の主体は職能であるが，製品またはブランド・マネジャーが半恒久的な製品またはブランドの統合責任者としての役割を果たす。ブランド管理は，多くの人がP＆G（プロクター・アンド・ギャンブル）社の成功の鍵だと考えており，消費材の製品メーカーによって広い範囲で模倣されている。

③ 成熟マトリックス

　第 3（最終）段階は，二元的権限の構造である。職能および製品構造は両方ともに恒久的である。すべての従業員は垂直的な職能の上司と水平的な製品マネジャーに結びつく。職能および製品マネジャーは平等の権限をもち，資源と優先順位に関して合意が整わない事項については協調して解決しなければならない。

（2）ネットワーク構造 ── バーチュアル組織

　ネットワーク構造（図表 9 − 4）は，社内におけるビジネス機能を実際に取り除くことによって「無構造（nonstructure)」とも呼ぶことができるものの例である。多くの活動が外注されている。このような方法で組織された企業はよくバーチュアル（仮想）組織と呼ばれるが，それはこの企業が絶えず変化しており，非階層的で，クモの巣状のネットワークによって結び付けられた一連のプロジェクト・グループまたは共同作業から成り立っているためである。

　ネットワーク構造は，企業環境が不安定で，今後ともそれが変わらないと予想されるときには最も役に立つ。そのような状態では通常革新と素早い対応が強く要請される。月給制の従業員を雇う代わりに，特定のプロジェクトについてまたは一定の期間だけ必要な人材と契約するのである。供給業者と流通業者

との長期契約を結ぶことが，垂直的統合によって企業が社内的に調達できるサービスと置き換えることができる。電子市場と精緻な情報システムが市場における取引コストを低減させ，したがって「作る」という意思決定よりも「買う」という決定が当然視される。1つの建物または1つの地域に立地する代わりに，組織のビジネス機能は世界中に分散する。組織は実質的に「ブローカー」役を果たす小さな本部機能をもち，完全に所有する事業部，部分的に所有する関連会社，その他の独立の会社を電子的に結ぶ核にすぎなくなる。ネットワーク組織の究極的な形態は，コンピュータによって互いに1つの情報システムに結ばれて，製品またはサービスの設計，生産，マーケティングを行う一連の独立企業または事業部門になるだろう。

　ネットワーク組織構造によって企業は，急激な技術の変化および国際交易と競走の変化するパターンに対抗する柔軟性と適応力を高めることができる。またそれによって企業はそのディスティンクティブ・コンピタンスに集中できるし，一方ではその専門分野に努力を集中させる他の企業の効率性を寄せ集めることができる。しかしネットワークには不利な点もある。ネットワーク構造は本質的には不安定で，つねに緊張関係にさらされているために現実には一時的な構造にすぎないと考える人もいる。多数のパートナー候補が必要なことも問

図表9－4　ネットワーク構造

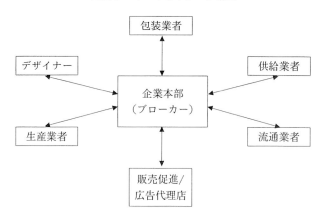

題の原因となることがあり得る。種々の機能を独立した供給業者・流通業者に下請けに出すことは，活動を組み合わせることによって生じるシナジーを失う可能性もある。ある会社が少数の機能だけに専門化しすぎると，誤った機能を選択するリスクを冒すことになり，ひいては競争力を失うことにもなりかねない。

（3）セル組織

マイルズとスノー（Miles and Snow 1978）は，組織進化の形態はマトリックスとネットワークからセル（細胞）に移行すると主張している。

「セル組織は，単独でも行動できるが，他の細胞と相互に作用して，さらに勢力の強い，能力の高いビジネスのメカニズムを生み出すことができる複数の細胞（自主管理チーム，自主的事業部門など）から成っている」と彼らは説いている。セル組織の形態が持続的な技術革新を生み出すための知識と専門性を作り上げて，これを共有することができるのはこの独立性と相互依存関係の組み合わせによるものである。セル構造は，事業部構造が受け継いだ起業家精神，マトリックスの顧客に対する感応性，ネットワークの自己最適化の知識（self-organizing knowledge）と資産の共有を内包している。セル構造は，主張されているように，単独の部門だけでは達成不可能な業績を成就するために，企業内の特別な専門的知識と技能を一時的に組み合わせる社内ジョイント・ベンチャーを活用する産業界の時代の流れに沿ったものである。

セル構造の論者たちは，このような新しい構造に向けての刺激はあらゆる業界における絶え間ない刷新プロセスへの圧力になると述べている。個々のセルはより大きな組織に対して起業家的責任を負っている。セル構造は知識の創造と共有以外に，他のいかなる構造に比べてもより完璧に企業のあらゆる知的資産を活用することによって，価値を高めるのである。セル構造は製品とサービスの急速な革新に集中する企業で独自のまたは最新鋭の形態をとっている。

9.3.6　中央集権化対分権化

　多国籍企業（Multinational Enterprise：MNE）が直面する基本的なジレンマ
は，権限を集中して企業を広範に連結したシステムとして運営することによっ
てシナジー効果を生み出すと同時に，権限を分散して地元のマネジャーが地場
マーケットと当該国の政府の要請に応じて必要な決定ができるようにするには，
どう組織すればよいかということである。この問題に対処するためにMNEは
製品グループまたは地理上の区域を中心に機構を作る傾向にある。この両者を
組み合わせてマトリックス構造を作る場合もある。

図表 9 - 5　多国籍企業の地理的区域構造

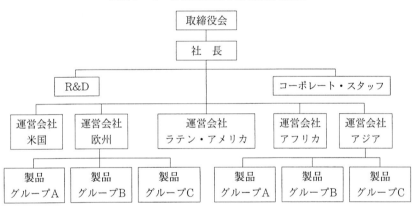

注：スペースの都合で，製品グループは欧州とアジアのみ示した。

9.4　ま と め

　本章では，戦略の具体化と実行を実現するための詳細を説明し，効率的な運
営についても議論した。これを実現するには，戦略に応じた組織設計が必須で
ある。戦略と組織は，相互依存する関係であるからである。次章では，戦略の
管理と評価を議論する。

【参考文献】

Chandler, Alfred D., Jr., Strategy and Structure: Chapters in the History of the American Industrial Enterprise. Cambridge, MA: MIT Press, 1962/1998. （アルフレッド・D・チャンドラーJr. 著，有賀裕子訳『組織は戦略に従う』ダイヤモンド社，2004年）

Davis, S.M. and P.R.Lawrence, *Matrix*, MA:Addison-Wesley, 1977.

Goold, M. and A. Campbell, "Desperately Seeking Synergy," *Harvard Business Review*, Sept-Oct 1998, pp.131-143.

Greiner, L. E. "Evolution and revolution as organization grows" *Harvard Business Review*, July-Aug 1972.
（ラリー・E・グレイナー「起業成長の"フシ"をどう乗り切るか」ダイヤモンドハーバード ビジネス・レビュー，Jan-Feb 1979年）

Hammer, Michael and James Champy, Reengineering the Corporation, Nicholas Brealey Publishing, 1993.
（マイケル・ハマー＝ジェイムズ・チャンピー著，野中郁次郎訳『リエンジニアリング革命』日本経済新聞社，1993年）

Miles, R.E. and C. C. Snow, Organizational Strategy, Stracture, and Process, McGraw-Hill, 1978.
（マイルズ＝スノウ著，内野・中野訳『戦略型経営：戦略選定の実践シナリオ』ダイヤモンド社，1983年）

Sloan, Alfred Jr. *My Years with General Motors*, NY: Doubleday, 1990.
（アルフレッド・P・スローンJr. 著，有賀裕子訳『GMとともに』ダイヤモンド社，2003年）

第10章　戦略の管理と評価

　戦略は内外の環境分析を経て策定され執行されるが，その後に必要となるのが戦略の管理と評価である。

　戦略の管理は，マネジメント・サイクル（Plan-Do-See）の考え方と同様である。計画（Plan）はいろんな手法が発達しており経営者は決断を下すことには積極的である。しかし，実行（Do）は組織内の経営管理者が従業員を動員して行うが，評価（See）は時として行われないとか誰か他人に任せてしまうことが多い。戦略の管理と評価の方法を戦略の立案過程のなかで，あらかじめ定めておくことが重要である。

　戦略の評価は，①戦略が計画どおりに執行されているか，②当初予定した成果を生み出しているかという観点から行われる。①は執行段階で明確にした「役割分担」とそれに伴って設定された「目標」を基準として判断する。②はビジョンの達成度によって判断される。

　評価の結果，戦略は計画どおりに執行され，予定した成果を生み出しているということであれば問題はない。計画どおりではない場合は原因を究明しなければならない。戦略策定の前提であった環境分析に誤りがなかったか，策定された戦略は適切であったのか，戦略執行のための体制づくりは十分に行われたかなどについて検討し問題の所在を明らかにする。そして明らかにされた問題によって戦略内容を修正したうえで十分に管理しながら戦略内容を実行していく。

　本章では，戦略経営の最後のけじめである管理と評価について議論する。

10.1　戦略の管理と評価のプロセス

　戦略の管理と評価のプロセスは，企業が目指していることの達成を確認するプロセスである。それは望んだ成果と実績を比較して，経営者がその結果を評価するのに必要なフィードバックを提供し，必要に応じて修正を施すプロセスである。これは，図表10−1に示したように，5段階のフィードバック・モデルとみることができる。

図表10−1　評価と管理のプロセス

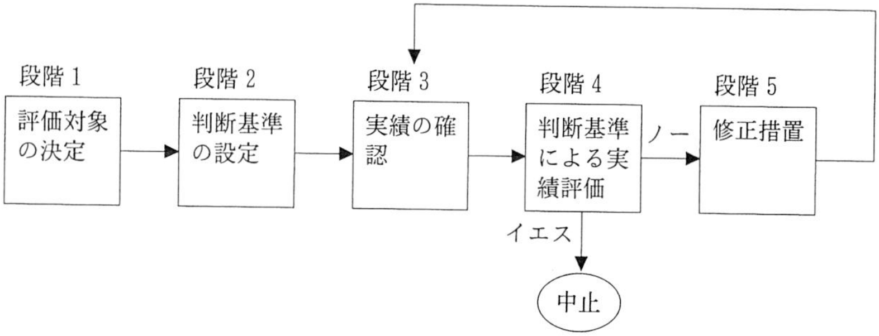

段階1．評価対象を決める

段階2．業績評価についての判断基準を設定する

段階3．実績を測定する時期を定める（評価時期の確認）

段階4．実績を判断基準により評価（イエス：中止，ノー：第5段階）

段階5．必要に応じて修正措置を講じる

　　　① 実績と目標の乖離の原因は何かを分析

　　　② 実施過程の手順そのものがまずいのか

　　　③ 実施方法のプロセスは適切であったか

　　　④ 修正措置の実行適任者を誰にするか

（1）戦略経営における管理と評価

　管理と評価に用いる情報は，実績データと活動報告で成り立っている。戦略経営の過程の運用が適切でなかったために望まない結果しか得られなかった場

190……◎

合，担当役員と経営管理者はそれを知って部下の行為を修正しなければならない。ここではトップ・マネジメントは関与する必要はない。しかし実行プロセス自体から望まぬ結果が生じた場合は，担当役員のみならずトップ・マネジメントもそれを知って，新たな戦略の具体化計画または手続きを作成しなければならない。そのなかにはプロジェクトの中止も含まれる。評価と管理に関する情報は監視対象と関連がなければならない。効果的な管理を行う上での難しさは，重要な活動や成果の適切な測定方法が難しいことである。

（2）実行された戦略の評価

　管理プロセスを戦略経営に適用する手段は図表10－1に示したとおりである。戦略の評価は，実行された戦略の評価に使用するために戦略マネジャーへ投げかける疑問である。このような戦略の再検討は，企業の財務上の目的と現在の活動について予想される結果との間にギャップが生じるときに行われる。問題がどこから生じたか，またこの状況を修正するためにいかなる措置を講じなければならないかである。

10.2　管理機能

10.2.1　管理機能としての統制

　統制（コントロール）で最も留意すべきことは，活動が終わった後では意味がないということである。活動終了後の管理行為は評価・報告である。統制は活動が行われている最中，つまり進行中の管理をその基本とする。計画や活動が予定どおりに進行しているかどうかは，その過程でなくてはチェックできない。活動が終わった後では，修正も是正もできないからである。

　統制は，事前に設定された計画値に対して，活動途中において計画が予定どおりに進行しているか否か，つまり計画値と実績とを比較対照することから始まる。そして当初の計画に対して，活動途中でどのような差異が生じているかを分析し，その原因に対して活動に問題があれば活動を是正するか，計画に問題があれば計画そのものを修正するといった措置をとることを意味している。

活動が終了してから統制を行っても是正・修正措置を講じることはできない。統制は活動の進行中に行う行為であることに留意しなければならない。

　統制には，①比較対照，②差異分析，③是正・修正措置の3つのステップがある。「統制なくして計画なし」と言ってよいくらい，統制は以後の活動のための基準となるものである。また，統制には自己統制（self control）という考え方もある。代表的なものには，目標による管理のように，全体目標のなかで，自己の責任において目標を申告し，自己の責任で管理を行う。達成度の評価と自己反省による啓発によって，能力の伸長を図ろうとするものである。いずれも基準に従って，自己限定されたなかで活動することを意味している。

10.2.2　アンソニーの概念

　アンソニー（Anthony 1965）は計画と統制の枠組みについて，①戦略的計画，②マネジメント・コントロール，③オペレーショナル・コントロールの3つの内的プロセスに区分している。

① 　戦略的計画は，①組織の目的，②目的の変更，③目的達成に用いる経営資源やその取得・使用・処分に際して準拠すべき方針を決定するプロセスである。

② 　マネジメント・コントロールは，「マネジャーが組織の目的達成のために資源を効果的かつ能率的に取得し，使用することを確保するプロセス」と定義される。ここでいうマネジメント・コントロールは，計画とコントロールの双方を組み合わせた概念であり，戦略的計画で樹立された路線の範囲内で何をなすべきかについての計画を含んだものとして用いられている。

③ 　オペレーショナル・コントロールは，特定の課業が効果的かつ能率的に遂行されることを確保するプロセスである。

　戦略的計画が計画に重きを置き，オペレーショナル・コントロールが実施に重きを置くことと対比される。アンソニーは，マネジメント・コントロールを船の船長にたとえているが，それは，与えられた目的地に対して，有効かつ能

率的に到着させることが船の任務であり，目的地は所与であるけれども，それに到達するためには，自らの計画と裁量とコントロールの権限に委ねられているからである。計画とコントロールを一体と考えるところにアンソニーの特徴がある。

10.2.3　管理の形態

　管理は，①業績を得るために使われる資源（入力の管理），②業績を生み出す活動（行動の管理），そして③実際の業績の成果（出力の管理）に焦点を絞って行うことができる。

　①　入力の管理は，従業員の知識，技能，能力，価値，意欲などの資源に注目する。たとえば教育を受けた期間や経験年数などである。

　②　行動の管理は，方針や規則，標準業務手続，上司の命令を通じて業務が行われるべき方法を特定する。たとえば企業の手続きの順守，顧客への勧誘の電話，定刻どおりの出社などである。

　③　出力の管理は，目的と業績目標または工程表（milestone）を用いて行動の最終的な結果に焦点を絞り，達成されるべきことを定める。たとえば販売ノルマ，定められたコスト削減や利益目標，顧客満足の調査などである。

　行動，出力，入力管理は互換性のあるものではない。入力管理は，出力の計測が難しく，また行動と業績の因果関係が明らかでないとき（大学の授業のように）に最も適している。行動管理は，業績の結果は測定しにくいが行動と成果の因果関係がはっきりしているときには最も適した方法である。出力管理は行動と成果の因果関係は明らかではないが特定の出力尺度が定まっているときには最も適切である。3種類のすべてを使うときでも，環境によって1つまたは2つの方法が他の方法より重視されることもある。

　コングロマリット型多角化戦略を採用している企業は，その事業部または子会社に対して出力管理を重視する傾向にある。これは事業部などがお互いに独立して経営されているためだと想定される。同心円型多角化戦略を取っている企業は3種の管理法を使っている。これは，シナジーを求めるためだと想定される。

10.2.4　管理手段

　戦略の管理をするためには，管理手段が必要となる。予算，利益ともに管理手段として計数が用いられる。職位に付随して，それぞれの責任範囲が決められ計数（物量と価値）や管理指標も定められる。

　経営者は全社的な運営の責任者として，価値計数で管理される。事業部門長は事業部の利益について責任をもつ。そして内部統制の中心をなすのが予算統制である

（1）物量係数と価値係数

　管理のための計数としては物量計数と価値計数がある。

　物量計数とは，物を量的に把握することである。物量計数は技術的合理性の基礎概念である。企業活動においては，物量係数はできるだけ少なくすむことが望ましい。一方，価値計数は，価値，すなわち市場を媒介とした価格で表されるものである。価値計数は経済的合理性（経済性）の基礎概念となる。

　ちなみに，技術的合理性・経済的合理性・収益性の3つは企業の利益に関する3大原理である。技術的合理性は，節約性の原理，あるいは犠牲極小化の原理であり内部努力によるコスト削減をいう。経済的合理性は，価格，あるいは売上増等，外的要因による価値の増大をいう。また収益性は，技術的合理性と経済的合理性の土台の上に成り立つものであり，収益・費用あるいは利益・投下資本として把握される。

（2）利益管理

　従来は収益からかかった費用を引いたものが利益という考え方であったが，最近では期待すべき利益を計画したうえで，収益から期待利益を差し引いて，限定された費用で活動することが求められる。

　（従来）　収益－費用＝利益

　（最近）　収益－期待利益＝費用

194……◎

（3）予算統制 (budgetary control)

　内部統制の中心をなすのが予算統制である。予算編成の方針に従ってつくられた実行予算は，統制の基準値となる。予算統制には，次の①から③の3局面がある。

　①　各予算部門の長（部長だけでなく課長も）は，自分の管理部署において，予算を基準に諸活動を進行させることで直接的に自己による統制を行う。付与された権限に基づいて，統制可能な費目・費用の水準が与えられる。部長と課長の費目・費用水準は異なっており，課長は直属の部長に対して責任を負う。いずれの管理者も上司に対しては責任を負うが，自己統制者であると同時に被統制者でもある。

　②　全社的な統制の主体は社長である。社長は全社的な進行上の統制を行うが取締役会に対しては被統制者として戦略の進行報告を行う。

　③　社長の行う全社的な統制のためには，各部門から必要な情報を収集しなければならない。今日では，データベース化された情報システムから，必要情報を取り出すことが当たり前になったが，従来は各職能部門の管理者によって，口頭や文書の情報が提供されていた。

（4）管理における情報システム

　業績指標が戦略経営に影響を及ぼすためには，まず戦略計画を策定し，具体化する責任をもつ人々に伝達されなければならない。この機能を果たすのが戦略情報システムである。これはコンピュータによるものでも，マニュアルによるものでもよいし，公式なものでも非公式なものでもよい。

　企業内の事業部門（または，SBU）のレベルにおいても，その事業レベルの戦略を支援し，強化し，あるいは拡大するために情報システムが意思決定支援システムを通じて有効活用されるべきである。

　たとえば，全組織に及ぶコスト運動を展開しているSBUであれば，労働生産性を高めるか，あるいは在庫または機械設備など，他の資源の使用法を改善することによってコストを削減するために，情報システムを利用することがで

きるだろう。差別化戦略をとるSBUでは，情報システムを利用して，製品またはサービスに独自性を加え，また職能部門を通じて品質，サービスまたはイメージの向上につなげることができるだろう。

10.3　業績の測定

業績は活動の最終結果である。業績を評価する測定方法の選択は，査定される事業部門と達成すべき目的に左右される。戦略策定の最初の段階で定められた目的（収益性，マーケットシェア，コストの削減など）は，戦略の具体化を開始してからは，企業の業績の尺度として使用される。

10.3.1　従来の財務指標
（1）投下資本利益率（ROI）
企業の業績指標として利益の観点で最も一般的に使われているものは投下資本利益率（ROI）である。これは税引き前純利益を資産総額で割ったものである。ROIを使うことにはいくつかの利点があるが，また明らかに限界もある。ROIは客観的で正確だという印象を与えるが，簡単に操作をすることができる。

（2）1株当たり利益（EPS）
純利益を発行済み普通株式数で割ったものである。しかし，過去および将来の業績の評価手段としてはいくつかの欠陥がある。第1に，会計原則上で代替が認められているので，EPSとしていろいろな数字があり得る。第2にEPSは発生主義の利益に基づいているので，利益を現金に換えるのが極めて近い将来であることもあれば，遅くなる場合もある。このようにEPSは金銭の時間的価値を考慮していない。

（3）株主資本利益率（ROE）
純利益を株主資本で割ったものであるが，これも会計に基づくデータから計算されたものなので同じような限界がある。さらにEPSもROEも往々にして

株価と関係がないことがある。いろいろな限界があるので，ROIとROE，EPS
はそれ自体では企業の業績の指標としては十分なものではない。

（4）活動基準原価計算（ABC）

　活動基準原価計算（ABC）は，製品の生産に投入された付加価値活動に基づ
いて間接費と固定費を個々の製品または製品ラインに配賦する新しい会計方式
である。アウトソーシングの決定をするために企業活動の価値連鎖の分析を行
う際に非常に役立つ。

　コストの大半が直接労働費であって，同じ製造プロセスによる少数の製品を
製造している場合には，従来の原価計算が実用的である。

　ABC会計によって間接費がより正確に配賦できるようになったので，会計
担当者は従来の方法に比べてコストの配分をより間違いなく行えるようになっ
た。

10.3.2　企業業績に対する最近の指標

　ROIまたはEPSのような財務指標を使って企業全体の業績を評価するだけで
済んだ時代は終わりつつある。投下資本利益率，株主資本利益率，1株当たり
利益のように，会計上の数字に基づく指標は企業の経済価値を表す上で信頼性
に欠けるという理由で，多くの企業が業績と戦略経営の有効性を示すより優れ
た指標を採用している。アナリストたちは広範な方法を用いて戦略の成功また
は失敗を評価することを勧めている。とくに，①利害関係者指標，②株主価値，
③EVA，④バランス・スコアカードなどはその例である。現在の趨勢は企業
の業績に対するより複雑な財務指標に向かいつつあり，また財務以外の指標の
使用が増加する方向にある。

（1）利害関係者指標

　利害関係者としては，株主のほかに顧客，供給業者，金融機関，従業員，行
政・議会，消費者保護団体，環境保護団体などがあげられる。それぞれの利害

関係者は企業の業績の良否を判断する上での何らかの基準をもっていると考えられる。1つまたは2つの簡単な利害関係者指標をグループごとに設定し，利害関係者の関心を把握できるようにしておくべきである。

（2）株主価値

　株主価値は事業から得られる将来の予想キャッシュフローの現在価値と企業の清算価値の合計であると定義できる。企業の目的は株主の財産を増やすことにあるという論点に立って，株主価値の主張者は業績の重要な指標としてキャッシュフローの分析を重視する。したがって企業の価値は，割引率として資本の事業コストを用いて現在価値に割り戻したキャッシュフローの価値である。事業収益が資本コストを上回るかぎり，その事業は価値を生み出し，事業に対する投下資本以上の価値をもつ。

（3）経済付加価値（EVA）

　企業および事業部門の業績を評価する極めて有力な株主価値の尺度になり，ROIに取って代わる可能性もある。EVAはある事業について戦略を立てる前とその後の相違を計測する。簡単に言うと，EVAは税引き後の営業利益から資本コストの年間合計を差し引くものである。EVAの公式は次のとおりである。

　　EVA＝税引き後営業利益−（資産投資額×加重平均の資本コスト）

　経営者は，①資本を増やさないでもっと利益を稼ぐ，②資本を少なくする，③利益率の高いプロジェクトに資本を投下する，ことによって企業または事業部門のEVAを改善することができる。

　市場付加価値（MVA）は，企業の市場価値と，株主と貸し手が拠出した資本との差異である。正味現在価値（net present value）のように，これは企業の過去と今後予想される投資プロジェクトの株式市場における正味現在価値の試算である。したがってMVAは将来のEVAの現在価値である。

（4）バランス・スコアカード

　カプラン＝ノートン（Kaplan and Norton 2002）は，わずかな財務指標で企業を評価するよりも，財務指標のみならず非財務指標も加えた「バランス・スコアカード」の利用を主張している。この手法は企業の価値の50〜80％は非金融資産であると指摘する研究を考慮すると特に有益だと考えられる。

　バランス・スコアカードは，すでに行われた行為の結果としての財務指標と，顧客満足，内部手続き，企業の技術革新と改善活動（これらは将来の財務業績の原動力である）などの操業指標とを組み合わせたものである。

　経営者は次の4分野における目標または目的を策定すべきである。

①　財務：わが社は株主にどのように受け止められているか。

②　顧客：顧客はわが社をどのように見ているか。

③　社内の事業展望：わが社が得意とすべきものは何か。

④　技術革新と学習：わが社は改善し，価値を創造することができるか。

　それぞれの分野の目標（たとえば財務分野における倒産の回避という目標）には，目標や促進策とともに1つ以上の指標が割り当てられる。これらの指標は重要な業績指標つまり選定した戦略を達成するために不可欠な指標と考えて差し支えない。

　たとえば企業は財務分野における成功の指標としてキャッシュフローや4半期ごとの売上の伸び，ROEを含めることができる。また顧客という観点から，マーケットシェア（競争ポジションの目標），新製品の売上高比率（顧客によって認められるという目標）を指標として加えることができるだろう。社内の事業展望という観点からの指標としては製造周期や単位コスト（優れた生産活動という目標）が考えられる。技術革新と学習の分野では次世代製品の開発に要する期間（技術的リーダーシップという目標）があげられよう。

10.3.3　トップ・マネジメントに対する評価

　取締役会は，戦略，監査，報酬の各観点からトップ・マネジメントの業務執行を評価する。もちろん取締役会の主な関心は，企業全体の収益性（投下資本

利益率，株主資本利益率，1株当たり利益，株主価値など）によって数量的に計測される。短期といえども利益が計上できなければ，それはトップ解任の大きな理由になるだろう。

　トップ・マネジメントが戦略的方向性を設定し，経営チームを編成し，リーダーシップを発揮する能力について，一般に，長期的には数量的指標に比べてはるかに重要だと考えている。

　トップ・マネジメントの評価のために使用する特定の項目は，取締役会とトップ・マネジメントが先に合意した目的から導き出されたものである。

　経営監査は，さまざまな企業活動を処理する経営者の手腕を評価する際に取締役会にとって非常に有益である。戦略監査が企業自体の評価のために開発されたように，経営監査は企業の社会的責任のような活動，マーケティング部のような職能部門，および海外事業部のような事業部門の評価をするために開発された。

10.3.4　事業部門と職能部門に対する業績指標

　企業は事業部門（もしくは，SBU），職能部門の業績の評価と管理にさまざまな手法を使っている。企業が，事業部組織またはSBUである場合，企業全体の評価に使うのと同様の業績指標（たとえば，ROIまたはEVAのような）の多くを使用するであろう。R&Dのような特定の職能部門を切り離しておきたい必要があれば，企業は責任センター制度を展開することができる。マーケットシェアおよび従業員1人当たりの売上高（マーケティング部門），単位コストおよび欠陥比率（製造部門），新製品の売上比率と特許数（R&D部門），定着率と職務満足（人的資源部門）などの代表的な職能部門用の指標を使うこともできる。

　トップ・マネジメントは戦略策定とその具体化の際に，事業部門から提出された一連のプログラムとこれに対応する事業予算を承認する。評価と管理の段階では，実際の支出と予算とを対比し，その乖離度が査定される。

（1）責任センター

　特定の職能，プロジェクト，または事業部を監視するために管理システムを設定することが行われている。予算は業績の財務的指標を管理するために一般的に使われる管理システムの1つである。責任センターは，ある部署を別個に評価するために企業の他の部門から切り離す目的で使われる。したがって責任センターは固有の予算をもち，予算に定められた資源の使い方に基づいて評価される。センターの業績に責任を負うマネジャーがその部署の長となる。センターは経営資源（コストまたは費用の形で表される）を使って，サービスまたは製品（生産高または収入という形で表される）を生み出す。責任センターには，次の①から⑤に示すように5つの形態がある。この形態は企業の管理システムがこれらの資源とサービスまたは製品を計測する方法によって決定される。

① 標準原価

　標準（または，予想）原価は主に製造施設で使われ，工程ごとに過去の実績データに基づいて計算される。センターの業績の評価にあたっては，標準原価合計を製造製品個数に掛けた数字を用いる。これが予想された製造原価であり，これを実際の製造原価と対比する。

② 収　　入

　生産は通常個数または販売金額の形で表され，資源コスト（たとえば，月給）に関係なく測定される。したがってこのセンターは効率性よりはむしろ有効性で評価される。たとえばある販売地域における有効性は予算の，または前年の販売高と現在の販売高の比較によって判断される。販売部は製品コストに対する影響力が非常に限られているので，利益は考慮されない。

③ 経　　費

　経営資源はサービスまたは製品コストに関係なく金額で測定される。予算は計画経費（engineered expense：計算することができる経費）と自由裁量経費（discretionary expense：予想するほかない経費）に分けて作成する。代表的な経費センターは総務部，サービス部，研究所である。これらの部は組織にとっては費用がかかり，しかも収入には間接的な貢献しかしない。

④ 利　　益

　業績は収入（生産の測定手段）と支出（資源の測定手段）の差で評価される。利益センターは一般的に，資源および製品またはサービスの両方に対して支配権をもつ部署であればいつでも設定できる。

　このような責任センターを設けることによって，企業は各製品ラインを事業部に編成することができる。事業部長は満足すべき（あるいは，それ以上の）利益を上げることができるかぎり，自主性が与えられる。通常は自主性の可能性が考えられないような部署であっても，利益センターとしての評価の目的で自主性が認められることがある。たとえば製造部を標準原価センター（または，経費センター）から利益センターに転換させることができる。この場合，製造部は企業内部であるが販売部に対して「販売する」製品の移転価格を徴収することが認められる。製造原価と合意された移転価格の差が「利益」である。

　移転価格は，一般に垂直的統合企業で使用され，一定の数量の製品に対する価格が容易に決定できる場合は効果がある。専門家の大多数が市場価格に基づく移転価格が最良の選択だということで意見が一致しているが，移転価格の設定に市場価格を使用している企業は30〜40％にすぎない。各センターの利益の数字がゆがめられ，企業および事業部レベルでの戦略決定に際して精度の劣った情報しか得られないことになりかねない。

⑤ 投　　資

　大手製造企業の事業部は製品を作るために相当の資産を使うので，その資産基盤も業績評価において考慮すべきである。したがって利益センターのように利益だけに目を向けていては不十分である。投資センターの業績は資源と製品またはサービスの差異という観点で評価される。たとえばある企業の2つの事業部が同じような利益を計上しているが，一方の事業部は30億円の工場をもち，他方は10億円の工場をもっているとする。両事業部とも利益は同じだが，片方は明らかにより効率的である。小規模な工場のほうが株主にとっては投資に対する利益率が高い。投資センターの業績評価に最も広く使われているのは投下資本利益率（ROI）である。

　単一事業である企業の大多数は，概して原価，経費，収入センターを組み合わせて使っている。これら企業ではマネジャーの大部分は職能的専門家で，予算による管理を行っているが，総合的な収益性は全社的レベルに統合されている。

　複数の事業部から成る企業では，一般的に原価，経費，収入の各センターに利益センターを加えた組み合わせを採用している。

　多数の事業部をもつ企業は概して投資センターを重視している。こうした企業でもそのなかのさまざまな事業部では他の形態の責任センターを使っていることがある。責任センターを採用する際の1つの問題は，事業部の業績を評価するために必要な分離を行うことによって，企業全体のシナジーを達成するのに必要な事業部間の協力のレベルを低下させる可能性のあることである。

（2）ベンチマーキング

　米国で初めてこの概念を使ったゼロックス社によれば，ベンチマーキングは「製品，サービス，慣行を最も手強い競合他社または業界のリーダーと認められている企業のそれと対比して評価する継続的プロセス」である。他社が自社に比べて優れている点を公然と学べば，単なるもの真似ではなく，自分たちの現在の手法までも改善できるという意味である。ベンチマーキングは，すでに経営がうまく行われている企業に対して最良の結果をもたらすが，業績が劣る企業は自分たちの実績とベンチマークの食い違いに圧倒されて，ベンチマークは達成が難しすぎると考えることもある。

　ベンチマーキングのプロセスは次のような手順から成っている。

①　検討分野を特定する：事業部門の競争優位を左右する可能性のある活動とする。

②　対象分野での行動と成果の指標を発見しその値を手に入れる。

③　競合他社と最高クラスの企業を選定：業界は異なるがよく似た活動を行っている企業でもよい。

④　自社と最高クラス企業の値の相違について原因を究明する。

⑤　業績のギャップを埋める戦術プログラムを計画する。

⑥　戦術プログラムを実行：結果の値を最高クラス企業と比較する。

10.3.5　業績評価の問題点

　業績の測定は，評価と管理にとって極めて重要な役割を果たしている。目的または業績に対する数値化した基準が欠如していること，および情報システムがタイミング良く有効な情報を提供できないこと，この2つは明らかに管理上の問題点である。目的と時宜を得た計測値がなければ，戦略の決定ばかりでなく，操業上の意思決定も極めて難しくなるだろう。しかしタイミングの良い，数値化された基準さえあれば，それが優れた業績を保証するものではない。業績を監視し評価するその行為によって，全社的な業績を妨害する副作用が起きるのである。最も頻発するマイナスの副作用は，①短期的志向性と，②目標の置換である。

（1）短期的志向性

　トップ・マネジメントは多くの場合，彼らが採用した戦略に基づく操業の長期的な意義，あるいは戦略の実行が全社的な目的に及ぼす影響も分析していないことが多い。長期的な評価が往々にして行われない理由は，①トップ・マネジメントが長期的評価の重要性に気付いていない，②長期的な配慮より短期的な配慮のほうが重要だと考えている，③自分自身も長期的な評価を受けていない，あるいは④長期的な分析を行う暇がないことにある。

　経営者が長期的評価の重要性を認識していれば，それを行う時間を作るはずだから，①と④は正当な理由にはならない。

　しかし短期的志向性を助長する会計指標は多い。業績指標としてのROIの限界はその短期的性格にある。ROIそのものは短期に限るものではないが，実際にはこの指標を企業の長期的な収益性を判断するために使うことは難しい。経営者が分子（利益）と分母（投資）の両方を操作することが可能なので，その結果出てくるROIには意味がないことがあり得る。広告宣伝，保守整備，研究

開発活動は削減が可能である。

（2）目標の置換

　業績の監視と測定は（慎重に行わないと）実際に企業全体の業績の低下を招く可能性がある。「目標の置換」は「手段と目的の混同」であり，本来は全社的な目的の達成のために経営者を支援することを意図した活動がいつの間にか目標になってしまうとき，あるいはその活動が当初意図したものと異なる目的に変わってしまうときに発生する。目標の置換には，①置換行動と，②部分最適がある。

① 置換行動

　置換行動とは，誤った活動でも報いられるので，人々が目標の達成につながらない活動をあたかもつながる活動のように置き換えるときに発生する現象である。測定が容易な活動が，追求しようとしている業績にはほとんど，あるいはまったく関係がないこともある。

　人は目標の達成に貢献するかどうかに関係なく，無視されるような行動の代わりに認められ，報いられる行動を取りがちである。

② 部分最適

　部分最適とは，ある部署はその目標を最も効果的に達成するが，組織全体にとっては損失の原因になるという現象である。大規模な企業において独立の責任センターの展開を重視しすぎると，全体としての企業に何らかの不都合を生じることがある。

　ある事業部における目標達成の最適化の試みが，他の事業部では脱落の原因になり，ひいては会社全体としての業績にマイナスの影響を与えかねない。部分最適の例として，注文獲得の手段として営業部は顧客に早い納期を約束し，製造部はこの１つの注文のために残業を強いられるというケースがある。

10.3.6　適切な管理の指針

（1）管理システムの設計

　管理方法の計画にあたって，トップ・マネジメントは，「管理は戦略に従う」ということを思い起こす必要がある。目的を達成するために適切な戦略の運用を管理によって確保しなければ，機能不全の副作用によって目的の具体化を完全に損なう可能性が高まる。

　次が指針となろう。

① 　管理に必要な情報は最小限にとどめるべき：信頼すべき実態を把握するために必要な最小限にとどめるべき。多すぎると混乱を招く。

② 　管理は意味のある活動と結果だけを監視する：測定の困難さは考慮しない。

③ 　管理は時期を失してはならない：遅くなりすぎないうちに修正措置を講じる必要がある。業績に影響を及ぼす要因に対する監視・計測を重視して，問題を早期に察知すべきである。

④ 　長期的・短期的管理を併用すべき：短期的な指標だけが強調されると，短期的な経営姿勢が打ち出されやすい。

⑤ 　管理は例外の指摘を目的とすべき：事前に設定された許容範囲外の活動または結果だけについて措置を講ずるべきである。

⑥ 　基準に到達したり超えた活動に対する報奨を重視する：基準に達しない場合の処罰より，達した場合の報奨を重視すべきである。失敗に対する処罰が重いと目標の置換が起きる原因となる。

（2）企業文化

　企業文化が企業の戦略志向性を補完し，強化するものであれば，広範囲な公式の管理システムの必要性は減じる。

　ピーターズとウォーターマン（Peters and Waterman 1982）は，その著書において，「文化が強力であればあるほど，またその方向が市場を向いたものであればあるほど，方針マニュアル，組織図，または詳細な手続きと規則の必要

性は少なくなる。これらの企業では下級レベルの人でも大抵の状況に応じて何を行うべきかを心得ているが，それは指針となるいくつかの価値が非常に明瞭だからである」と述べている。

（3）戦略的インセンティブ経営

　企業全体の必要性と個人としての従業員の必要性の間に調和を確保するために，また，経営者と取締役会は業績に報いるためにインセンティブ（奨励）策が有効と考えられる。インセンティブは何らかの形で全社および事業部門の戦略と結びついていなければならない。

　次の3つの手法は，明示された戦略目的と時間枠のなかで，測定値と報奨の調和を図るために考案されたものである。

① 加重要因法

　業績要因と重要性が各SBU によって異なる場合に，SBUのトップ・マネジャーとその幹部クラスの業績を評価し，報いるには適切な方法である。高成長なSBUでの業績は，マーケットシェア，売上の伸び，将来の元本回収予定，未来志向の戦略プロジェクトの進捗状況で評価する。これに対して，低成長のSBUの業績は，ROIとキャッシュ・ジェネレーションによって評価する。中位成長のSBUの業績はこれらの要因の組み合わせで評価される。

② 長期的評価方法

　複数年にわたって設定された目的の達成に対して経営者に報酬を支払うものである。

③ 戦略資金法

　執行役員に，開発経費は現在の操業に必要な経費とは別物だと考えることを奨励するのに有効である。会計報告において戦略資金を別個に記帳し，ROIの計算から除外する。目先の収入を得るために使われた経費と将来の事業のための経費を区別することが可能になる。経営者は，短期・長期の両方のベースで評価されることが可能になり，また将来のために戦略資金に投資するインセンティブにもなる。

目標として掲げた戦略成果を報奨システムによって達成するのに効果的なのは次の3つの方法を組み合わせることである。

① 戦略資金を短期資金から分離する。

② SBUごとに加重要因チャートを作成する。

③ 業績評価を，戦略資金法によって計算された税引き前利益，加重要因，SBUでの業績の長期的評価の総合とする。

10.3.7　戦略経営の監査と業績評価

戦略監査は，企業のさまざまな職能および活動に対する体系的な分析ができるように分野別に，またはテーマ別に質問形式のチェックリストをあらかじめ用意して行う。これは，経営監査の一種であって，企業全体にわたって問題のある分野を指摘し，組織的な強みと弱みに注目を当てるための非常に有益な診断手段である。

戦略監査によって，企業内の特定の分野が会社に対して問題を引き起こしている理由を究明し，問題の解決法を見出すことができる。

戦略監査リストは包括的なものではないが，すべての事業会社の詳細な戦略分析に必要な極めて重要な問題を多数提示している。とはいえ，的外れとか，不十分な質問となる場合もあるので，各々の企業ごとに工夫して修正版を作成することが望ましい。

戦略監査は，第1章以降で述べた戦略経営モデルの重要なトピックスを要約したものである。戦略監査は図表1−6で図示した戦略意思決定のプロセスに沿って開始される。監査の対象は図表1−6に示したものと同じである。

① 現在の業績の結果を評価する。

② コーポレート・ガバナンスを再検討する。

③ 外部環境を探査し，評価する。

④ 内部環境を探査し，評価する。

⑤ SWOT分析を使って戦略要因を分析する。

⑥ 戦略選択肢を考案し，評価する。

208……◎

⑦　戦略を具体化する。

⑧　評価と管理を行う。

10.4　ま と め

　戦略の計画から実行においては，マネジメント・サイクルと同じように，評価と管理がなされる。戦略の管理と評価は，戦略の策定段階からその基準を定めておき，実行途中で行うことが，戦略の成功の鍵である。

【参考文献】

Anthony R.N., *Planning and Control System: A Framework for Analysis*, Harvard University Press, 1965.（アンソニー著，高橋吉之助訳『経営管理システムの基礎』ダイヤモンド社，1968年）

Kaplan, Robert S. and David P. Norton, *The Strategy-Focused Organization: How Balanced Scorecard Companies Thrive in the New Business Environment*, Harvard Business School Press, 2002.

Peters, Thomas J. and Robert H., Jr. Waterman, *In Search of Excellence: Lessons from America's Best-Run Companies*, Warner Book, 1982.（T・J・ピーターズ，R・H・ウォーターマン，大前研一『エクセレント・カンパニー 超優良企業の条件』講談社，1983年）

付録1　事業環境（SWOT）分析から戦略策定までの手順

　戦略経営は(1)事業環境分析，(2)戦略の策定，(3)戦略の実施，(4)評価と管理を意味する。詳しくは第1章に記述有り。特に図表1−2と図表1−3を参照のこと。
　ここでは(1)と(2)の手順を述べる。なお(3)と(4)は(2)の中に含めておくことが肝要である。

1．事業環境の分析（環境検証）　・・・・SWOT分析
　内部分析（強みと弱み）と外部分析（機会と脅威）で構成される。
内部分析：企業の持つ経営資源を分析する・・・強み（<u>S</u>trengths）と弱み（<u>W</u>eaknesses）
　企業内の経営組織ごとに分析する。ヒト，モノ，カネ，情報・知識・経験などである。
外部分析：企業に対し外部からの影響要因・・・機会（<u>O</u>pportunities）と脅威（<u>T</u>hreats）
　産業内での影響と産業外からの影響が有る。企業側から変えることは出来ない。

(1) 産業内における企業の状況　・・・産業分析：「Porterの5ファクター」図表2−1参照
　　産業内の①競合者，②新規参入者，③代替品，④供給者（売り手），⑤顧客（買い手）
(2) 産業外部からの影響　・・・PEST分析（図表1−4も参照のこと）
　　P：政治・法律の影響，E：マクロ経済の影響，S：社会文化の影響，T：技術革新の影響
　　さらに，人口・世代，事件・事故を加えることもある。

2．戦略の策定
　戦略策定の前に企業のミッションと目的を定めて具体化には方針を明確にする。
　　ミッション（使命）：企業の存在目的もしくは理由
　　目的：戦略で計画した活動の最終的な結果の期待値
　　戦略の策定：ミッションと目的を達成する方法を記載した包括的なマスタープラン
　　方針：戦略の策定を具体化に結びつけるための意思決定に対する広範な指針
　事業環境分析（SWOT）からTOWSマトリックス（図表3−5）を用いる。
　　SWOTの組み合わせが多数になるがSWOTの項目から企業に重要なものを選ぶ。
　　次頁以降の例では強み／弱みと機会／脅威を簡易的に各2項目程度としている。
　　戦略はSO戦略，ST戦略，WO戦略，WT戦略の4通りとなるがSO戦略が多い。
　これらのことから戦略の策定の内容を具体的に記述する。

　なお，付録2として「事業環境の分析から戦略の立案までの方法)」を付したのでテンプレートとして活用されたい。
　付録3として，下記の企業についての事例を付したので参考にされたい。なお，過去の時点のものとしており，最新データを用いて読者の皆さんで作成してください。
　ユニクロ2008年，全日空（ANA）2017年，スターバックスコーヒー2018年，SoftBank 2020年，佃製作所（下町ロケット）2010年，総本家駿河屋2014年。

付録2　事業環境の分析から戦略の立案までの方法

会社名「　　　」　商品分野，国（もしくは地域），時期を決めてください。
　　商品分野 ＿＿＿＿＿＿　　国 ＿＿＿＿　　時期 ＿＿＿＿年
Ⅰ．SWOT 分析をまとめる。
1．強み
・
・
2．弱み
・
・
3．Porter の 5 項目（産業分析）　　　機会／脅威の不要なほうを削除すること
(1) 競合者
・　　　　　　　　　　　　　　　　　　　　　　　　　　　機会・脅威
(2) 新規参入者（撤退）
・　　　　　　　　　　　　　　　　　　　　　　　　　　　機会・脅威
(3) 代替品
・　　　　　　　　　　　　　　　　　　　　　　　　　　　機会・脅威
(4) 買い手
・　　　　　　　　　　　　　　　　　　　　　　　　　　　機会・脅威
(5) 売り手
・　　　　　　　　　　　　　　　　　　　　　　　　　　　機会・脅威
4．産業の外からの影響（PEST 分析）　　機会／脅威の不要なほうを削除すること
(1) 技術革新：
・　　　　　　　　　　　　　　　　　　　　　　　　　　　機会・脅威
(2) 人口構成・世代の変化：
・　　　　　　　　　　　　　　　　　　　　　　　　　　　機会・脅威
(3) 社会風潮の変化：
・　　　　　　　　　　　　　　　　　　　　　　　　　　　機会・脅威
(4) マクロ経済状況：
・　　　　　　　　　　　　　　　　　　　　　　　　　　　機会・脅威
(5) 事件・事故など：
・　　　　　　　　　　　　　　　　　　　　　　　　　　　機会・脅威
(6) 法規制：
・　　　　　　　　　　　　　　　　　　　　　　　　　　　機会・脅威
5．機会と脅威：大きく影響するものをリストアップ（3 ＆ 4 から 2 つ転記）
(1) 機会
・
・
(2) 脅威
・
・
Ⅱ．戦略を立案する

付録3-1　会社名「ユニクロ」

全国規模の販売で急成長したが成長が鈍化した時期の成長戦略を想定した。
商品分野：衣料　　　国：日本と海外　　　時期：2008 年

1.　強み
　・SPA（製造小売業）形態により低価格を実現している
　・生産委託の能力に優れている→品質が良い
　・顧客満足 No.1 の対応
　・色，種類が豊富

2.　弱み
　・シンプルな商品が多いため，消費者が飽きやすい
　・高級感が無い

3.　Porter の 5 項目（産業分析）
(1)　競合者
　・しまむら（低価格），GAP，H&M（カジュアル）　　　　　　　　　　　　脅威
(2)　新規参入者（撤退）
　・他業界からの参入　　　　　　　　　　　　　　　　　　　　　　　　　脅威
(3)　代替品
　・イオンやイトーヨーカドーの格安アパレル商品　　　　　　　　　　　　脅威
(4)　買い手
　・若者など，安いアパレル品を欲しがる消費者　　　　　　　　　　　　　脅威
(5)　売り手
　・縫製メーカー業者　　　　　　　　　　　　　　　　　　　　　　　　　機会

4.　産業の外からの影響
(1)　技術革新：
　・縫製技術の向上　　　　　　　　　　　　　　　　　　　　　　　　　　機会
(2)　人口構成・世代の変化：
　・少子高齢化　　　　　　　　　　　　　　　　　　　　　　　　　　　　脅威
(3)　社会風潮の変化：
　・気分に合わせて服を変える人々が増加　　　　　　　　　　　　　　　　機会
(4)　マクロ経済状況：
　・デフレ経済−安いアパレル商品に目が向きやすい　　　　　　　　　　　脅威
(5)　法規制：
　・家庭用品品質表示法　　　　　　　　　　　　　　　　　　　　　　　　機会
(6)　事件・事故：該当なし

5.　機会と脅威：大きく影響するもののみリストアップ（3 & 4 から）
(1)　機会
　・縫製技術の向上
　・気分に合わせて服を変える人々が増加

212……◎

(2) 脅威
 ・しまむら（低価格），GAP，H&M（カジュアル）
 ・イオンやイトーヨーカドーの格安アパレル商品

＜戦略提案＞
 2010 年の目標・・・7,000 億円とする　　さらに 2015 年には，1 兆円達成
＜国内＞
①従来のユニクロ事業の強化
　→利益率の向上を中心に！　既存店のスクラップ＆ビルド。
　　　目標売上高増：(3 億円× 50 店舗増＝ 150 億円)
②「高品質・高ファッション」の新しいブランドを構築
　→ 20 代〜 40 代の女性をメイン（衣料品消費の 7 割は女性）
　→中・高価格帯（ユニクロの 1.5 〜 2 倍）
　→新規 100 店舗展開（1 店舗あたり 1.5 倍の売上）
　　　目標売上高：(4.5 億円× 100 店舗＝ 450 億円)
＜海外＞
・中国及び東南アジアでの店舗展開
　　→ 20 代〜 40 代の女性メイン
　　→上海，北京，香港など大都市を狙う
　① 現行ユニクロ事業の海外展開　　　　　（売上 3 億円× 100 店舗＝ 300 億円）
　② 新規ブランド（中・高価格）　　　　　（売上 4.5 億円× 30 店舗＝ 135 億円）
　　→東南アジアでは UT 事業を展開　　　（100 億円目指す）
　　　シンガポールなど大都市を狙う　　　（売上 3 億円× 35 店舗＝ 105 億円）
・米国・欧州での店舗展開
　　→現行ユニクロ事業の海外普及展開　　（売上 3 億円× 50 店舗＝ 150 億円）
＜全体合計＞
　国内と海外の戦略を踏まえて・・・
　　現在の売上高（2008 年）　　　　5,864 億円
　　既存事業の売上増（2010 年）　　　150 億円
　　中・高価格戦略（売上増）　　　　450 億円
　　欧米ユニクロ普及（売上増）　　　150 億円
　　中国ユニクロ普及（売上増）　　　150 億円
　　中国新規ブランド（中・高価格）　135 億円
　　東南アジア UT 事業普及（売上増）105 億円
　　　売上高　　　　　　　　　　　7,004 億円 ⇒ 達成！

売上目標を達成するために
新ブランドの確立
　・買収した高ファッション企業を展開し，大きく育てる
　　　→ユニクロ色を絶対に出さないこと！　別のイメージを形成
　・デザイン力の向上：デザイン拠点の充実
　　　→ 現在の東京，NY のほかにパリ，ミラノの活用
　・生産（縫製と品質管理）技術の向上
　　　→現在の中国（上海，蘇州地区）の外注先管理の向上
　・店舗マネージャーの養成
　　　→人材トレーニングシステムの確立，正規雇用，海外は現地　　スタッフの登用
　・キャッシュフローと資金調達
　　　→海外展開は円高基調の今がチャンス！

付録３－２　会社名「全日空（ANA）」

長距離旅行の需要が回復に転化した時期における収益性向上の戦略を想定した。
商品分野：旅客輸送　　　国：日本　　　時期：2017年（コロナの影響前）

1. 強み
・国内認知度，企業イメージ，ブランド力が高い
・LCC（格安航空会社）を傘下に収め，ニーズの多様化に対応している
・国内線が主体であり，海外の変化の影響を受けにくい

2. 弱み
・海外での知名度が低く，ブランド力が高くない
・機材確保に巨額の設備投資が必要である

3. Porterの５項目（産業分析）
(1) 競合者
・JAL（政府援助あり），シンガポール航空（顧客満足度が高い）　　　　脅威
(2) 新規参入者（撤退）
・LCC（格安航空会社）の参入　　　　脅威
(3) 代替品
・高速バス（低価格），新幹線（早い，定時運行）　　　　脅威
(4) 買い手
・国内及びインバウンド観光客　　　　機会
(5) 売り手
・ボーイング社，エアバス社　　　　機会

4. 産業の外からの影響
(1) 技術革新：
・低燃費のエンジンが開発される　　　　機会
・新たな燃料（バイオジェット燃料）の開発　　　　機会
(2) 人口構成・世代の変化：
・少子高齢化により移動人口が減少　　　　脅威
・アクティブシニアの増加　　　　機会
(3) 社会風潮の変化：
・ファーストクラスよりビジネスクラスへ搭乗する顧客が増加　　　機会／脅威
(4) マクロ経済状況：
・為替や原油市況の急激な変動　　　　脅威
・英国のEUからの離脱，米国における保護主義の台頭　　　　脅威
・デフレ経済－格安航空券に目が向きやすい　　　　脅威
(5) 事件・事故など：
・マレーシア航空機317便墜落事故（2014年3月）　　　　脅威
(6) 法規制：
・航空法の対象外（無人航空機）が存在する　　　　脅威

5. 機会と脅威：大きく影響するもののみリストアップ（3 & 4 から）
(1) 機会
   ・国内及びインバウンド観光客
   ・低燃費のエンジンが開発される
(2) 脅威
   ・LCC（格安航空会社）の参入
   ・高速バス（低価格），新幹線（早い，定時運行）

<戦略提案>
(1) エアライン事業の拡大
   ・大型機（A380）の導入により低コスト化を図る
   ・グローバルでの知名度向上
  ハワイ便（新機材 A380：550 席）の導入効果
   エコノミー：9 万円 500 席，ビジネス：27 万円 50 席
     売上予測：搭乗率 70%　年間：149 億円
  路線の再編・新路線開設の効果
   ロシア（モスクワ便就航）
   エコノミー：12 万円 260 席，ビジネス 36 万 10 席
     売上予測：搭乗率 70%　年間：約 89 億円
   ベトナム（羽田－ホーチミン線の開設）
   エコノミー：6 万円 240 席　ビジネス 18 万円 30 席
     売上予測：搭乗率 70%　年間：約 50 億円
   トルコ（イスタンブール線 1 便増加）
   エコノミー：15 万円 150 席　ビジネス：45 万円 40 席
     売上予測：搭乗率 70%　年間：約 132 億円
(2) ノンエア事業の強化
   ・リムジンバスと契約（荷物→空港システム導入）
   ・コンビニで荷物を預けられるサービス
   ・荷物は，既に空港に関係のある運送会社に委託する
  空港：成田，羽田 → 関西 → 九州
  宣伝：動画サイトやテレビ CM

  売上予想（顧客から）／支出（CM ＋リムジンバス＋ホテル）
   1 年目：売上 1 億円／支出 0.5 億円
   3 年目：売上 3 億円／支出 1.5 億円
   5 年目：売上 5 億円／支出 2.5 億円　差引 2.5 億円増
(3) 機内満足度の向上：リピーターに特別サービス

参考文献
・ANA ホールディングス株式会社「第 67 期有価証券報告書」。

付録３－３　会社名「スターバックス」

日本市場と本国ビジネス改善で大貢献の日本パートナーと合弁解消後の戦略を想定した。
商品分野：ビバレッジ　　　　国：日本　　　　時期：2018 年（合弁解消後）

1. 強み
・高級なアラビカ種を使用するなど，品質が高い
・既にブランドが構築されており，高級感がありおしゃれである
・価値観（コンセプト）に根差した人材育成及びブランドづくり

2. 弱み
・一般的なカフェの価格帯より値段が高い
・同社のコンセプトに基づき場を提供しているため回転率が悪い

3. Porter の５項目（産業分析）
(1) 競合者
・Tully's coffee，ブルーボトルコーヒー，ドートルコーヒー　　　　　　　　脅威
・ルノアール，コメダ珈琲店など，フルサービスの喫茶店　　　　　　　　　脅威
・地域のカフェチェーン店（サザコーヒー，ミカドコーヒー etc.）　　　　　脅威
・主力商品の模倣品の販売活動が展開されている　　　　　　　　　　　　　脅威
(2) 新規参入者（撤退）
・個人経営のおしゃれなカフェが台頭　　　　　　　　　　　　　　　　　　脅威
・コンビニコーヒー，マックカフェ　　　　　　　　　　　　　　　　　　　脅威
(3) 代替品
・地域の紅茶専門店　　　　　　　　　　　　　　　　　　　　　　　　　　脅威
・ノマドカフェ，コワーキングスペース　　　　　　　　　　　　　　　　　脅威
(4) 買い手
・若年層（豊かさを感じたい）　　　　　　　　　　　　　　　　　　　　　機会
・女性（ブランドイメージを感じたい）　　　　　　　　　　　　　　　　　機会
(5) 売り手
・コンサベーション・インターナショナル（CI：国際環境 NGO）審査　　　機会
・主要商品の親会社からの安定的な調達　　　　　　　　　　　　　　　　　機会

4. 産業の外からの影響
(1) 技術革新：
・農業技術の発展（スマート農業の本格的普及）　　　　　　　　　　　　　機会
・デジタル化の進展（モバイルオーダー，モバイルペイの利用率増加）　　　機会
(2) 人口構成・世代の変化：
・少子高齢化（ターゲット層の人口減少，高齢者への認知度は低い）　　　　脅威
・消費者の嗜好及び購買行動の多様化　　　　　　　　　　　　　　　　　　脅威
(3) 社会風潮の変化：
・女性の社会進出　　　　　　　　　　　　　　　　　　　　　　　　　　　機会
・働き方の多様化（ノマドワーカーなど）　　　　　　　　　　　　　　　　機会
・本物志向の強まり　　　　　　　　　　　　　　　　　　　　　機会／脅威

(4) マクロ経済状況：
- ・デフレ経済－安くて美味しいコストパフォーマンス重視の消費者が増加 　　　　　脅威
(5) 法規制：
- ・欧州プラスチック戦略（プラスチック廃棄物に関する意識の高まり） 　　機会／脅威

5. 機会と脅威：大きく影響するもののみリストアップ（3 & 4 から）
(1) 機会
- ・働き方の多様化
- ・デジタル化の進展
(2) 脅威
- ・少子高齢化の中
- ・消費者の嗜好及び購買行動の多様化

＜戦略提案＞
回転率の向上
- ・ピーク時における在席時間の制限
- ・テイクアウトディスカウント
- ・デリバリーの導入による，店舗外での顧客確保
- ・スターバックス体験の強化
- ・店舗内外でのコミュニケーションの充実
- ・多様化に対応した様々な形態の店舗開発
リピーター確保
- ・マイカップディスカウント
- ・コーヒー，2杯目以降の値引き
- ・顧客のライフスタイルに合わせた各種サービスの展開
- ・新しいメニューの開発・投入の継続
- ・デジタルサービスの強化
- ・混雑状況の表示やモバイルオーダーの導入
店舗外での利益増加
- ・コンビニでの商品強化（チルドカップの強化）
- ・テイクアウト及びデリバリーの強化

参考文献
・ハワード シュルツ『スターバックス成功物語』1998年，日経BP社。
・スターバックスコーヒージャパン株式会社「第19期有価証券報告書」。
・Etienne Musonera, STRATEGIC MARKETING CASE ANALYSIS: STARBUCKS, Journal of Business and Social Science Review, Issue: Vol.2; No.11; November 2021（pp.12-22）.
・Starbucks Coffee Japan http://www.starbucks.co.jp/［2022.11.12］.

付録３－４　会社名「SoftBank」

多角化企業であるが通信事業に限定してコロナ前での戦略を想定した。
商品分野：通信　　　国：日本　　　時期：2020年

1．強み
　　・大手通信会社では格安というイメージを確立している
　　・新しいことへの取り組み（進取の気風）は他の大手通信会社以上

2．弱み
　　・他の大手通信会社に比べてつながりにくい
　　・サービスが他の大手通信会社より悪いというイメージがある

3．Porterの５項目（産業分析）
（1）競合者
　　・DoCoMo，KDDI（au），格安SIM会社　　　　　　　　　　　　　　　　脅威
（2）新規参入者（撤退）
　　・大手通信会社のセカンドブランド（UQモバイル，Ahamo）　　　　　　脅威
（3）代替品
　　・SNS（LINE以外），Zoom，Google Meetの普及　　　　　　　　　　　脅威
（4）買い手
　　・通信料の安さを求める消費者　　　　　　　　　　　　　　　　　　　脅威
（5）売り手
　　・端末の供給会社（Apple，Google，ファーウェイ等）　　　　　　　　機会

4．産業の外からの影響
（1）技術革新：
　　・5G技術により，高速大容量通信が可能に　　　　　　　　　　　　　機会
（2）人口構成・世代の変化：
　　・少子高齢化－但し，若年層と高齢者へも普及　　　　　　　　　　　機会
　　・人口減少による市場の縮小　　　　　　　　　　　　　　　　　　　脅威
（3）社会風潮の変化：
　　・生活必需品としての地位を確保（スマートフォン）　　　　　　　　機会
　　・新型コロナウィルス感染拡大を契機に一層進展する社会のデジタル化　機会
（4）マクロ経済状況：
　　・デフレ経済－サブスクリプションサービスの普及　　　　　　　　　機会
（5）事件・事故など：
　　・新型コロナウィルスの影響により世界的な半導体不足が発生　　　　脅威
（6）法規制：
　　・電気通信事業法　　　　　　　　　　　　　　　　　　　　　　　　脅威

5．機会と脅威：大きく影響するもののみリストアップ（3 & 4から）
（1）機会
　　・生活必需品としての地位を確保（スマートフォン）

(2) 脅威
　・大手通信会社のサブブランド（UQ モバイル，Ahamo）の普及
　・SNS（LINE 以外），Zoom，Google Meet の普及

＜戦略提案＞　通信事業（コンシューマー事業）に限定
　・「Yahoo!」，「PayPay」，「LINE」との連携強化
　・ネットワークのさらなる増強，高速通信サービス（5G）の提供
　・法人向けソリューションビジネスの強化
　・魅力的なサービス・コンテンツの開発・提供

現在の売上高（2019 年）約 2.7 兆円（コンシューマー事業に限定）
　　↓
5 年後の目標
　コンシューマー事業：

モバイル	1.7 兆円
ブロードバンド	0.8 兆円
その他（でんき・物販）	1 兆円
合計	3.5 兆円

参考文献
・ソフトバンク株式会社「有価証券報告書（第 34 期）」。

付録３−５　会社名「つくだ製作所」

『下町ロケット』のつくだ製作所（資本金3,000万円，200名）での差別化戦略を想定した。
（実在する企業には下線を付した）
商品分野：農業用小型エンジン，ロケット用燃焼装置など
国：日本　　　時期：2010年

1. 強み
 ・先代社長時代からの高度な技術職人と開発者
 ・既存製品の派生技術でバルブシステム（ロケット用）開発（特許取得）
 ・高度技術をスローガン「佃ブランド」のもとで，新規市場に挑む

2. 弱み
 ・中小企業のため経営資源に限界
 ・主力製品（農業用トラクター小型エンジン）の売上が低迷
 ・売上低迷下での新規開発に社内意見が割れる

3. Porter の5項目（産業分析）
(1) 競合者
 ・エンジン製品（富士精工など）　　　　　　　　　　　　　　　　脅威
(2) 新規参入者（撤退）
 ・ロケット（植松電機など）　　　　　　　　　　　　　　　　　　脅威
(3) 代替品
 ・EV用モーター（日本電産など）　　　　　　　　　　　　　　　脅威
(4) 買い手
 ・急な注文のキャンセル（京浜マシナリーの例）のリスク　　　　　脅威
 ・帝国重工（自社開発失敗）へロケット用水素バルブエンジン納入　機会
(5) 売り手
 ・アルミ部材（日本軽金属など）の取扱商社から複数購入の可能性　機会
 ・ステンレス部材（JFEスチールなど）の取扱商社から複数購入の可能性　機会

4. 産業の外からの影響
(1) 技術革新：
 ・宇宙技術開発が活発化　　　　　　　　　　　　　　　　　　　　機会
(2) 人口構成・世代の変化：
 ・農業の人手不足により農業の機械化（トラクターなど）の必要性　機会
(3) マクロ経済状況：
 ・リーマンショック等の影響で景気が悪化　　　　　　　　　　　　脅威
(4) 事件・事故など：
 ・政権交代（2009年）による科学技術予算削減　　　　　　　　　脅威

5. 機会と脅威：大きく影響するもののみリストアップ（3＆4から）
機会：
 ・宇宙技術開発が活発化
 ・帝国重工（自社開発失敗）へロケット用水素バルブエンジン納入

220……◎

脅威：
- ・リーマンショック等の影響で景気が悪化
- ・政権交代（2009 年）による科学技術予算削減

＜戦略提案＞
○検討時点の現状
　　売上 100 億円　　10 億円の発注がキャンセル
　　のちにナカシマとの特許係争（和解金 65 億円収入）
○5 年後の売上目標
現業
- ・小型エンジン等　　　　　　　　　　50 億円
- ・新型小型エンジン（ステラエンジン）　50 億円
- ・輸出（現業の国内販売の 20% を想定）　20 億円

新規ビジネス
- ・ロケットの水素エンジンバルブ　　　　10 億円
　　　　　　合計　　　　　　　　　　 130 億円

＜売上目標を達成するために＞
現業の強化
- ・佃ブランドの確立。
- ・新型農業用エンジンの国内 PR と海外販促

新規ビジネス
- ・ロケットの水素エンジンバルブの品質を宣伝
- ・佃ブランドの強化

＜将来への布石＞
- ・無人農業用ロボットの研究開発
- ・人工心臓用バルブの研究開発
　　研究開発費は特許係争の和解金収入 65 億円から毎年 5 億円を投入

参考文献
- ・池井戸潤（2010）『下町ロケット』小学館。
- ・下町ロケット（WOWOW 2011 年放送，TBS 2015 年放送）。
　　※出典によって異なる箇所がある。
- ・江原優子（2019）「ケーススタディー　アフターサービス」（2019/05/27 号）」日経 BP 社，58 〜 62 ページ。
- ・富士精工株式会社（https://www.c-max.co.jp/index.htm：2023 年 1 月 15 日閲覧）。
- ・株式会社植松電機（https://uematsudenki.com/：2023 年 1 月 15 日閲覧）。
- ・日本電産株式会社（https://www.nidec.com/jp/：2023 年 1 月 15 日閲覧）。
- ・日本軽金属株式会社（https://www.nikkeikin.co.jp/：2023 年 1 月 15 日閲覧）。
- ・JFE スチール株式会社（https://www.jfe-steel.co.jp/：2023 年 1 月 15 日閲覧）。

付録３−６　会社名「総本家駿河屋」

倒産で上場廃止を経験した老舗和菓子屋の再建を差別化戦略で想定した。
（2014 年に民事再生法の適用を申請，2015 年から再建）
商品分野：和菓子　　　国：日本　　　時期：2015 年

1. 強み
・老舗（京都伏見で鶴屋 創業 1461 年，徳川家に随伴して駿府→和歌山）のブランド力
・技術力の高い職人
・元祖「練羊羹」など伝統の味に定評

2. 弱み
・商品ラインアップが洋菓子に広がっている
・店舗数を削減
・饅頭など和菓子は一般的に賞味期限が短い

3. Porter の５項目（産業分析）
(1) 競合者
・大手菓子メーカーの商品（コンビニチェーンやスーパーマーケットで販売）　　　脅威
・知名度の高い老舗和菓子店　　　脅威
(2) 新規参入者（撤退）
・商圏外から新規に進出する和菓子店　　　脅威
(3) 代替品
・和歌山県内老舗の洋菓子　　　脅威
(4) 買い手
・地元の人々　　　機会
・名品好きの人々（ネットで購入）　　　機会
(5) 売り手
・価格が安定しない海外国内の原材料（小豆，砂糖，小麦粉，寒天）販売業者　　　脅威

4. 産業の外からの影響
(1) 技術革新：
・冷凍技術（フリーズドライなど元に戻る）により賞味期間延長　　　機会
(2) 人口構成・世代の変化：
・和菓子の需要減　　　脅威
(3) 社会風潮の変化：
・洋菓子の新製品や多様化で販売増　　　脅威
(4) マクロ経済状況：
・アベノミクス始動（2013 年）で贈答品として和菓子の需要回復　　　機会
・消費税が（2014 年）増税（10％）で消費者の購買意欲が減少　　　脅威
・外国人観光客が急増し，お土産として和菓子が売れる（2015 年）　　　機会
(5) 事件・事故など：
・三笠フーズ事件（残留農薬）で原材料への信頼が揺らぐ　　　脅威

5. 機会と脅威：大きく影響するもののみリストアップ（3＆4から）
(1) 機会
　・冷凍技術（フリーズドライなど元に戻る）により賞味期間延長
　・アベノミクス始動（2013 年）で贈答品として和菓子の需要が回復
　・外国人観光客が急増し，お土産として和菓子が売れる（2015 年）
(2) 脅威
　・大手菓子メーカーの商品（コンビニチェーンやスーパーマーケットで販売）
　・知名度の高い老舗和菓子店
　・商圏外から新規に進出する和菓子店

＜戦略提案＞
○ 2020 年の目標
　和歌山県を中心に 12 店舗。また，オンライン通販事業にも注力
　　（2015 年の時点では 4 店舗）
　売上目標：全体として 3.5 億円

○目標を実現するために
商品ラインナップ
　高級羊羹，饅頭など伝統的な商品に経営資源を集中
マーケット
　和歌山市中心部，京都などを中心に展開
新技術の導入
　・冷凍技術を導入し賞味期限を延長
　・流通過程の環境負荷の低減（パッケージ素材などの見直し）
ターゲット
　・地域の贈答品需要
　・旅行者（関西国際空港の利用者など）
茶道とのコラボによる若者の需要喚起
　・表千家（京・駿府・和歌山と行動を共に），茶道教室，中高茶道部
　・駿河屋・鶴屋の分家・暖簾分け（同じ屋号，商標，主製品も同じ）との関係修復

参考文献
・株式会社総本家駿河屋 HP（https://shop.souhonke-surugaya.co.jp/：2023 年 1 月 15 日閲覧）。
・総務省統計局家計調査。
・和歌山放送ラジオ『ええもん！善右衛門』，同 YouTube 限定番組『ほんまにええもん善右衛門』。
・NHK ブラタモリ全国掲載 HP。
　伏見（https://service-news.tokyo/buratamori-kyoto-fushimi-9268：2023 年 1 月 15 日参照）。
　和歌山（https://service-news.tokyo/buratamori-wakayama-47395：2023 年 1 月 15 日参照）。

索　引

《編著者紹介》

高垣行男（たかがき　ゆきお）

徳島大学機械工学科卒，国際大学大学院修士（国際関係学：国際経営専攻）

東京大学大学院博士課程（先端学際工学専攻）博士（学術）

立教大学大学院博士課程（ビジネスデザイン専攻）博士（経営管理学）

石油会社，樹脂会社，医療機器会社に 20 年間勤務。

沖縄国際大学教授を経て駿河台大学（経済経営学部，大学院）教授。

2021 年春より駿河台大学名誉教授。

研究分野　環境経営戦略，中小企業のイノベーション，グローバル経営戦略の分析

主要著書

『起業家精神と国際ビジネス』（創成社）2021 年（単著）

『国際ビジネスの新潮流─ダイナミック OLI サイクルの試み─』（創成社）2019 年（単著）

『地域企業における知識創造』（創成社）2017 年（単著）

『経営者の戦略決定』（創成社）2015 年（単著）

『環境経営戦略の潮流』（創成社）2010 年（単著）

『経営戦略の理論と実践』（創成社）2008 年（単著）

《著者紹介》

大城朝子（おおしろ　あさこ）

名城大学大学院博士課程（経営学研究科）博士（経営学）

沖縄県の経営コンサルタント会社に勤務後，開南大学人文社会外部応用日本語学科専任講師

沖縄県の建設コンサルタント研究員を経て福山大学（経済学部，大学院）に専任講師として着任，2022 年現在准教授

研究分野　日本的経営の国際移転，ローカル企業の経営戦略

主要業績

『台湾日系企業の「日本的経営」─長期雇用を中心として─』（創成社）2010 年（単著）

「備後企業の経営理念に関する実態調査」（『日本研究』第 17 号，2020 年）

「グローバル企業の経営理念─備後企業との比較分析─」（『福山大学経済学論集』第 45 巻，2021 年）

百武仁志（ももたけ　さとし）

神奈川大学大学院経営学研究科博士後期課程で学び

周南公立大学経済学部講師

神奈川大学経営学部，同経済学部，茨城大学人文社会学部などで非常勤講師

研究分野　地域振興を行う中小企業の戦略，英国ソーシャルエンタープライズのコラボレーション

主要業績

林幸治 他『新中小企業論』（文眞堂）2021 年（共著）

「ソーシャルエンタープライズに関する一考察─英国の事例を中心に─」（『グローバリゼーション研究 19（1）』2022 年）

「大阪南泉州地域における社会的価値の発見と活用に関する一考察」（『神奈川大学国際経営論集 57 号』2019 年）

「わが国コンシュマーゲーム機メーカーのメディア戦略─任天堂・ソニーの事例を中心に─」（『神奈川大学国際経営論集 49 号』2015 年）

「複雑系理論を援用した東日本大震災の分析─茨城県内企業の状況を中心に」（『神奈川大学国際経営論集 45 号』2013 年）

（検印省略）

2008 年 9 月10日　初版発行
2023 年 4 月 1 日　改訂版発行　　　　　　　　略称―経営戦略理論

経営戦略の理論と実践 ［改訂版］

編著者　高 垣 行 男

発行者　塚 田 尚 寛

発行所　東京都文京区　　株式会社　創 成 社
　　　　春日 2 − 13 − 1
　　　　電　話 03 (3868) 3867　　Ｆ Ａ Ｘ 03 (5802) 6802
　　　　出版部 03 (3868) 3857　　Ｆ Ａ Ｘ 03 (5802) 6801
　　　　http://www.books-sosei.com　振　替 00150-9-191261

定価はカバーに表示してあります。

―――――――――― 経 営 選 書 ――――――――――

起 業 家 精 神 と 国 際 ビ ジ ネ ス	高 垣 行 男	著	2,500 円
国 際 ビ ジ ネ ス の 新 潮 流 ―ダイナミックOLIサイクルの試み―	高 垣 行 男	著	2,500 円
地 域 企 業 に お け る 知 識 創 造	高 垣 行 男	著	2,600 円
経 営 者 の 戦 略 決 定	高 垣 行 男	著	2,200 円
環 境 経 営 戦 略 の 潮 流	高 垣 行 男	著	2,600 円
台 湾 日 系 企 業 の「日 本 的 経 営」 ― 長 期 雇 用 を 中 心 と し て ―	大 城 朝 子	著	2,000 円
地 域 を 支 え，地 域 を 守 る 責 任 経 営 ―CSR・SDGs時代の中小企業経営と事業承継―	矢 口 義 教	著	3,300 円
震 災 と 企 業 の 社 会 性・CSR ―東日本大震災における企業活動とCSR―	矢 口 義 教	著	2,400 円
お も て な し の 経 営 学［実践編］ ―宮城のおかみが語るサービス経営の極意―	東北学院大学経営学部 おもてなし研究チーム みやぎ おかみ会	編著 協力	1,600 円
お も て な し の 経 営 学［理論編］ ― 旅 館 経 営 へ の 複 合 的 ア プ ロ ー チ ―	東北学院大学経営学部 おもてなし研究チーム	著	1,900 円
お も て な し の 経 営 学［震災編］ ―東日本大震災下で輝いたおもてなしの心―	東北学院大学経営学部 おもてなし研究チーム みやぎ おかみ会	編著 協力	1,600 円
東 北 地 方 と 自 動 車 産 業 ―トヨタ国内第3の拠点をめぐって―	折 橋 伸 哉 目 代 武 史 村 山 貴 俊	編著	3,600 円
テ キ ス ト 経 営・人 事 入 門	宮 下 清	著	2,400 円

(本体価格)

―――――――――― 創 成 社 ――――――――――